ビギナーズ・クラシックス 日本の古典

風土記

橋本雅之＝編

◆目次◆

第一章　常陸国風土記　9

第二章　出雲国風土記　61

第三章　播磨国風土記　107

第一章　常陸国風土記（ひたちのくにふどき）

筑波山遠望

『常陸国風土記』は、遅くとも養老七年（七二三年）頃までに成立したと考えられる。編者は当時国司として常陸国に下っていた藤原不比等の第三子である藤原宇合が有力視されており、また万葉歌人としても著名な高橋虫麻呂が編纂に協力していたのではないかとも言われている。ここに採録された古老伝承には漢籍の表現を取り入れた文学史的価値の高いものが含まれており、そこにこの風土記の特色がある。また景行天皇の皇子であるヤマトタケルを倭武天皇と称し、その巡行伝説が多く残されていることもこの風土記ならではの特色である。

本書ではその中から、筑波山と富士山に関する伝説とそこでの歌垣と言われる習俗に関する記録、蛇神と人間の交渉や信仰をめぐる伝説、歌垣の禁忌を破って松に化身した若い男女の伝説などを取り上げた。

◆「常陸国」総記（その一）

常陸の国司が報告し申し上げます。古老が伝承している昔からの聞き伝えのこと。国郡の〔現在の存在根拠となる〕古い事柄を問い尋ねると、古老が答えて言うには、昔は、相模の国の足柄山の坂から東の土地は、すべて我姫の国と言った。この時、常陸とは言わないで、ただ新治、筑波、茨城、那賀、久慈、多珂の国と言い、それぞれ造と別を派遣して調査と管理をさせていた。その後、難波長柄豊前の大宮で天下を治められた天皇（孝徳天皇）の御世になって、高向の臣と中臣の幡織田の連たちを派遣して、坂から東の国を統治させなさった。その時、我姫の道を分割して八つの国とし、常陸の国はその国の一つに相当した。

❖常陸の国司、解し申す。古老の相伝ふる旧聞の事。国郡の旧事を問ふに古老が答へて曰く、古は、相模の国足柄の岳の坂より東の諸の県は、すべて我姫の国と称ひき。この時、常陸と言はず、ただ新治、筑波、茨城、那賀、久慈、多珂の国と称ひて、おのもおのも造、別を遣はして検校へしめき。その後、難波長柄の豊前の大宮に臨軒しめしし天皇のみ世に至りて、高向の臣、中臣の幡織田の連等を遣はして、坂より東の国を惣領めしめたまひき。時に、我姫の道、分かちて八つの国となし、常陸の国は、その一つに居りき。

✻これは『常陸国風土記』冒頭の記事であり、常陸国全体について概括的に説明する、いわば総論にあたるものである。常陸国は、ほぼ現代の茨城県に相当する地域にあった国である。

右にあげた文章の内容は、おおむね次の二点に整理することができる。

（1）東国はかつて「あづまの国」と呼ばれ、大和から派遣された造と別が「新治」「筑波」「茨城」「那賀」「久慈」「多珂」の各国を治めていた。

（2）孝徳天皇の時代になって高向臣、中臣幡織田連等が派遣されて東国を八国に分割し、その一つとして常陸国ができた。

これらは、常陸国の成り立ちについて「古老」の言い伝えを記録するという形でまとめられたものであるが、「古老相伝」という言い方は慣用的な表現であり、事実として古老が語ったことを記したものであるかは明らかでない。

この冒頭の文章から、私たちは重要な情報を読み取ることができる。

（1）は、律令国家が誕生する以前、いわゆる国造による地方統治の時代があったことを語ったものである。ここに記された「新治」「筑波」「茨城」「那賀」「久慈」「多珂」の各国は、この風土記の中では、「国」に属する「郡」に位置付けられている。つまりこの（1）の記事は、「国―郡―里」を単位とした地方制度が確立する前の常陸の状況を説明したものなのである。

それに続く（2）は、東国を八か国に統合整理して新たな「国」が構築される歴史を語ったものである。そのような新たな国は、いわゆる大化改新以後、「国―郡―里」を単位とする中央集権的な地方制度が整えられていく中で生まれてきた。具体的には、それまで国造が統治していた「国」を「郡」という下部単位とし、その「郡」をいくつか集めて新たな「国」が形成されていったと考えられている。常陸国に即していうならば、（1）に記されている「新治」「筑波」「茨城」「那賀」「久慈」「多珂」という造・別が統治した「国」を「郡」とし、さらに「行方」「信太」「香島」などの新しい郡を建てて「常陸国」が誕生したのである。

ところで、そのような常陸国の創設に関わったと思われる高向臣と中臣幡織田連等の派遣は、『日本書紀』巻二十五、大化元年（六四五年）八月の記事にある孝徳天皇が東国国司に発した詔と関係しているであろう。その詔の中には、東国各国の戸籍の作成や田畑の検校などが指示されており、これは律令国家建設のために始まった改革の一つであったと考えられる。以上をまとめると、この冒頭記事は、国造によって東国が統治されていた時代から、大化改新を経て新たな国家制度の確立という歴史の中で常陸国が誕生したことを語ったものなのである。

この冒頭の記事は、風土記の基本的性格を知る上で大切である。風土記の文章は、古代中国の「記」という文体を学んだものと考えられるが、その「記」の基本的特色は、中国の文献『文体明弁』によれば、事柄を叙事的に記すところにある。現存する常陸・播磨・出雲・肥前・豊後の各風土記の文章も、基本的にはこのような叙事的姿勢で書かれており、ここに地誌としての風土記の特色がある。短い記事の中に籠められた情報を読み解いて解析すること、それが風土記を読む魅力の一つである。

なお付け加えて言うと、この文章の最初に「常陸の国司、解し申す」とあるが、これは『令』の中の「公式令」に規定されている「解文」と言われる古代律令制度における公文書の書式に則った記述であることを示すものである。「解文」とは、下級の役所から上級の役所に対して提出される文書であり、このことから、風土記が地方の歴史、自然環境、経済的特色などを取りまとめて上級の役所に報告した行政文書であったことが分かる。そのような行政文書として成立した風土記は、文学的な質の高さという点では、『古事記』『日本書紀』（以下、この二つの資料を合わせて記紀と略す）には及ばない。にもかかわらず、風土記が古代の歴史や文学を考える上で重要であるのは、国家の歴史を語る神話や伝説とは異なる地方独自の伝承や民俗に関する記事が多く残されているからである。

◆「常陸国」総記（その二）

さて常陸の国は、国の領域は広大で、国土も遠い広がりをもっている。土地はよく肥えて、原や野も豊かに肥えている。開墾し掘り起こした〔豊かな〕ところで、山海の幸に恵まれている。人々は心が満ち足り、家々は豊かな物であふれている。もし、丹誠込めて農業に勤しみ、養蚕に精を出すものがいれば、たちまちに富を手に入れて、当然貧しさから逃れることができる。言うまでもないが、塩を求め魚を賞味しようとすれば、左には山があり右には海がある。桑を植え麻を種えようとすれば、うしろには野があり前には原がある。〔この国は〕つまり水陸の産物の宝庫であり、産物が稔る肥えた土地である。昔の人が、常世の国と言い伝えてきたのは、もしかするとこの国ではないだろうか。ただし、この国にあるすべての水田は、上級が少なく中級が多いことから、ある年、長雨が降るようであれば、たちまち苗が稔らない憂いを聞くことになり、またある年、好天が続くならば、ただ五穀の豊かな実りの喜びを見ることだろう。

❖それ常陸の国は、堺は広く大きく、地も緬邈なり。土壌沃墳え、原野肥衍なり。墾発たるところ、山海の利あり。人人自得に、家家足饒なり。もし、身を耕耘に労め、力を紡蚕に竭す者あらば、たちどころに富豊を取るべく、自然に貧窮を免るべし。況めやまた、塩を求め魚を味ははむに、左は山にして右は海なり。桑を植ゑ麻を種ゑむには、後は野にして前は原なり。いはゆる水陸の府蔵、物産の膏腴ところなり。古の人、常世の国と云へるは、けだし疑ふらくはこの地ならむか。ただ、あらゆる水田、上は小なく中は多きを以て、年に霖雨に遇はば、すなはち苗子の登らぬ難へを聞き、歳に亢陽に逢はば、ただ穀実の豊稔なる歓びを見む。

✲この記事では、常陸国の地理的環境と農耕を主とした産業に関する事柄を、漢籍に典拠をもつ漢語を多く使い対句で構成した漢文で叙述している。ここに出てくる

「自得」や、「人人」と「家家」を対句の中で記す表現は、奈良時代の律令官人が学んだ『文選』（中国、梁の時代に昭明太子が名文を集めて撰録した文献）にもあり、そのような表現を取り入れたものと考えられる。このことからも分かるように、行政文書とはいえ、『常陸国風土記』の編纂には、相当レベルの高い漢籍の教養を身に付けた者が携わっていたことは間違いなく、漢語を用いた優れた文学的表現が随所にみられる。これは風土記を読み進める上で重要な観点であり、ここに地誌である風土記と文学との接点がある。

さて、この文章の最後の方にある筆録者のコメントと思われる部分に、「古の人、常世の国と云へるは、けだし疑ふらくはこの地ならむか」という一節があることは注目される。「常世の国」とは、古代の人々が信じていた異界の一つであり、そこは自分たちが生活しているところとは異なった理想的な世界だと認識されていたようである。この「常世」に関しては、『古事記』や『万葉集』の中にも伝説や和歌が残っており、古代の歴史や文学を考える上でも重要なモチーフの一つであった。

たとえば、『古事記』中巻には、垂仁天皇が多遅摩毛理という人物を常世の国に遣わして「ときじくのかくの木の実」を求めさせたという伝説が残されている。「ときじくのかくの木の実」とは、時間的に絶えることなく照り輝く木の実であり、具体的には橘のことだと記されている。垂仁天皇は永遠の生命を持つ橘を手に入れることを願って多遅摩毛理を常世の国に行かせたのである。この伝説から、「常世」が永遠性と関係が深い世界だと考えられていたことが分かる。

そういった「常世」の永遠性に関しては、『万葉集』に記載されている大伴三依が大伴坂上郎女に贈った歌からもうかがうことができる（以下、『万葉集』の引用は小学館新編日本古典文学全集によるが、漢字、訓み方など部分的に改変した場合がある）。

吾妹子は　常世の国に　住みけらし　昔見しより　変若ちましにけり

（巻四・六五〇番）

ここに詠まれている「変若ち」とは、若返ることであり、三依は若返って見える坂上郎女に対して、理想的な「常世」に住んでいたのではないかと歌いかけているのである。この歌は異性に対する個人的感情を詠む「相聞歌」の一つであり、誇張があることは言うまでもないが、少なくともこのような歌が成り立つ背景に、「常世の国」に関して、永遠の命、もしくは若々しさを保ち続けることができる世界であるという認識があったと考えることは妥当であろう。

加えて、「常世」が遥か海の彼方に存在すると考えられていたらしいことは、同じ

く『万葉集』巻九の一七四〇番の浦島子（うらのしまこ）の長歌の中に、

水江（みずのえ）の　浦島子（うらのしまこ）が……かき結び　常世に至り　海神（わたつみ）の　神の宮の……

とあるように、海上で出会った神の女（おとめ）とともに常世にある海神（わたつみ）の宮を訪問すると詠まれていることからも推察できる。これらをまとめると、「常世の国」とは永遠の生命や若々しさを保つことができる海の彼方にある国、ということになる。このような異界観は、古代中国で信じられていた、東方海中にある不老不死の仙人が住む蓬萊山（ほうらいさん）という神仙思想と結びつき、さまざまな伝承や信仰の中にも登場するようになる。

さて、「常世」が右に述べたような異界であるとすれば、常陸国がそのような世界に該当すると言えないことは明らかである。にもかかわらず、編者はなぜこのような言い方をしているのであろうか。これに関しては、西から東に国土を広げていった東の果てが常陸であり、はるか古代の人々がそこを見知らぬ空想の国と考えたとする説（折口信夫（おりくちしのぶ））もあるが、先にも触れたようにこの風土記の文章が漢籍の教養に基づいて書かれている点に注意を払う必要があるかもしれない。

『常陸国風土記』を読み進めていくと、この国の地理的特色を描写するに当たって、しばしば神仙思想と関係のある漢語が使われていることが分かる。そこから、この風土記が神仙思想の影響を受けていると考えることもできる。そこまで言い切れるかどうかは別として、少なくとも漢語を借用するというレベルでみたとき、神仙的な雰囲気を表現する言葉を使うという傾向は確かにある。この風土記の総記において、常陸国を「常世の国」になぞらえるのは、そのようなこの風土記独特の表現傾向と無関係ではないだろう。

◆「筑波山と富士山」（筑波郡）

古老が言うことには、「昔、祖神様が神々が〔鎮座して〕いる所を巡り行かれた。駿河の国の福慈（富士）山に到着されて、とうとう日暮れになり〔福慈の神に〕一夜の宿を請われた。この時、福慈の神が答えて言うことには「〔今夜は〕新穀の豊作を感謝するお祭りを斎行しており、家中の者が身を清めて慎んで過ごしております。今日だけは、まことに申し訳ありませんがお泊めすることが叶いません」と申し上げた。それを聞いた祖神様が、涙を流し大声でおっしゃることには「〔私は〕お前の親ではないか。どうして〔少々無理をしてでも〕泊めようとしないのか。〔よろしい〕お前が鎮座している山は、お前が生きている限り、冬でも夏でも雪が降り霜が降りて、寒さが何度も繰り返し、〔お前を拝むために〕人々が登ってくることもなく、神饌を供えることもないだろう」と言われた。

その後、筑波山にお登りになって、あらためて一夜の宿を請われた。この時、筑波の神が答えて言うことには「今夜は、新穀のお祭りを斎行しておりますが、なんとしてもお申し出をお断わりするという訳ではございません」と申し上げた。そこで、食事の準備を整え、心を籠めてお仕えした。そこで、祖神様が満足して歌を詠んで言われたことには、

愛しいことよ我が子は、立派なことよこの社は。
天地と共に〔永遠に〕、日月と共に〔末永く〕、
人々はここに集い言葉で祝福し、お供えの神饌も満ち足り、
いついつまでも絶えることなく、歳月を重ねてますます栄え、
幾千万年の後までも、賑やかな楽しみが尽きることは決してあるまい。

とおっしゃった。

こういう訳で、福慈山はいつも雪が降って登ることができないのである。かたや筑波山は、人々が通い集まって歌い舞い飲食を楽しむことが、今に至るまで絶えることがないのである。

❖古老の曰はく、昔、祖神の尊、諸神の処に巡り行でましき。駿河の国福慈の岳に到りまして、つひに日暮れに遇ひて、過宿を請欲ひたまひき。この時、福慈の神答へて曰さく、「新粟の初嘗して、家内諱忌せり。今日の間は、冀はくは許し堪へじ」とまをす。ここに、祖神の尊、恨み泣きて詈告りて曰まはく、「汝が親ぞ。何とかも宿さまく欲りせぬ。汝が居める山は、生涯の極み、冬も夏も雪ふり霜おきて、冷寒重襲り、人民登らず、飲食も奠ることなけむ」とのたまひき。さらに、筑波の岳に登りまして、また容止を請ひたまふ。この時、筑波の岳の神答へて曰さく、「今夜は新粟嘗すれども、敢へて尊旨を奉らずはあらじ」とまをしき。ここに、飲食を設けて、敬び拝み祗みて承りき。ここに、神祖の尊、歓然びて謌ひ曰はく、

愛しきかも我が胤、巍きかも神宮
天地の並斉、日月の共同
人民集ひ賀き、飲食富豊に
代々に絶ゆることなく、日に日に弥栄え　千秋万歳に、遊楽み窮じ

ここをもちて、福慈の岳は、常に雪降りて登臨ることを得ず。その筑波の岳は、往き集ひて歌ひ舞ひ飲み喫ふこと、今に至るまで絶えず。

✽ここに出てくる筑波山とは、現在の茨城県つくば市北端に聳え、男体山（八七〇メートル）と女体山（八七七メートル）からなる山である。『万葉集』にも筑波山を詠んだ歌が残っており、東国の山でありながら大和の律令官人たちにもよく知られた山であった。

さて、祖神が国土を巡行し、日暮れになって富士山の神や筑波山の神に一夜の宿りを請うというこの伝説は、貴神巡行伝説の一つである。注目されるのは、貴い神を歓待しもてなしたことによって幸せや富を手に入れ、逆に冷たくあしらったことによって好ましくない報いがもたらされるという結末が待っていることである。このような結末は後に紹介する備後国風土記逸文の「蘇民将来」伝説にもみられ、あるいは、大みそかの夜に一夜の宿を求めて訪れた旅人を歓待した家に富がもたらされるという、昔話「大歳の客」とも一致し、これは伝説や昔話に広くみられるモチーフである。

次に、この伝説を信仰という点からみるならば、この中で「新粟の初嘗」あるいは

「新粟嘗」と称せられる祭りは、新穀を神に捧げて収穫を感謝する新嘗の祭りと深く関係していることは間違いないだろう。新穀の収穫を感謝するこの祭りに際して、身を清めて祭事を執り行うことについては、『万葉集』に、

誰そこの　屋の戸おそぶる　新嘗に　我が背を遣りて　斎ふこの戸を

（巻十四・三四六〇番）

という和歌が記されているところからも分かる。この和歌は、新嘗の夜に夫と離れてひとり家で潔斎して籠っている女を訪ねてきた者を咎めるという内容である。和歌そのものは男女の恋愛に関する相聞歌の一つであるが、新嘗祭において他人との接触がタブーであったことが分かる。

このように潔斎して祭りを執り行うことは、新嘗祭に限らず清浄を重んじる神道の祭事においては最も重要であり、それを守らないことは禁忌を犯す行為であった。そのような視点でこの伝説を読んでみると、大切な祭事において、潔斎して他者との接触を断つという、信仰と祭事の重要な禁忌を守った富士の神が不幸になり、逆に禁忌を破って祖神を歓待した筑波の神に幸せがもたらされるという、信仰の常識から考えると、ありえないような結末となっていることが分かる。筑波の神が「今夜は新粟嘗すれども、敢へて尊旨を奉らずはあらじ（今夜は、新穀のお祭りを斎行しております

が、なんとしてもお申し出をお断わりするという訳ではございません)」と言っているが、このような持って回った、こじつけとも思える返答をしていることも気になる。これは明らかに禁忌破りの弁解であり、この返答の仕方から見えてくるのは、むしろ祭りに際して潔斎を守ることの大切さである。しかしながら、このような信仰や禁忌に反した筑波の神と筑波山が恩恵を受けるという結末について納得できる答えはまだ得られていない。

ところで、ここに出てくる祖神の名は明らかではないが、『古事記』では「御祖神」とは女性神(母神)であり、農耕や食物と関係が深い神であると考えられている。この伝承においても、新嘗の祭りの夜に現れることに注意するならば、この祖神も母神であったかもしれない。風土記には、このような独自の伝承が多く残されている。記紀は、国家の歴史の正統性を主張することを目的としているので、神話を統一的な観点から整理している。しかし、風土記は各国の郡や里の伝承を個別的に記載しているところに特徴がある。信仰の常識からは考えられないような伝承が残っているのは、このような風土記の特色と無関係ではないであろう。

さて、この伝説の後半に筑波の神の歓待を受けた祖神が詠んだ四字一句の漢文の形で記された歌謡が残されているが、これは、この地で伝承されていた筑波山を言祝(ことほ)ぐ歌謡を、「常陸国」総記（その二）の解説でも述べたように、漢籍の教養に基づいて編者が漢文に書き換えたと考えられる。その結果、原文をみると、

愛乎我胤、巍哉神宮、天地並斉、日月共同、人民集賀、飲食富豊、代々無絶、日日弥栄、千秋万歳、遊楽不窮。

のように各句は四言に統一されている。それぞれの句は対句を用いて整った表現になっている反面、日本語としては詠まれた歌謡本来の特色を読み取ることが難しくなっていることも事実である。

◆「筑波山の歌垣」（筑波郡）

さて、筑波山は、雲よりも高く聳え、〔二つある〕山頂の西の峰は険しく、男神と称して人々を寄せ付けない。ただし、東の峰だけは四方が岩場で、昇り降りの道は遥かに限りない。その道の側には泉が〔清らかに〕流れていて、冬も夏も絶えることがない。〔足柄山の〕坂より東の諸国の男女が、春は花の咲く頃に、秋は木の葉の色付く頃に、手に手を取って集い、ご馳走を携え、馬に乗って登る者、歩いて登る者が楽しく語らい団欒する。

その〔宴での〕歌として伝わっているものには、

筑波嶺に　逢はむと　言ひし子は　誰が言聞けばか　さね会はずけむ

（筑波山〔の歌垣〕で逢おうねと約束したあの子は、いったい誰の言葉に〔心変わりをしたのだろうか〕まったく会えなかったのだね）

筑波嶺に　廬りて　妻なしに　我が寝む夜は　早も明けぬかも

（筑波山〔の歌垣の夜〕仮の寝床で妻もなく、私が寝る夜は、早く明けてほしいものだ）

とある。詠まれた歌は数多く、到底すべてを〔ここに〕載せることができない。東国の民の諺が伝えることには、「筑波山の歌垣で、あの子から婚約の品を手にすることができなかった。彼女は〔お前さんのプロポーズを〕袖にしたのだね」とある。

❖それ筑波の岳は、高く雲に秀で、最頂は西の峰崢嶸しく、雄の神と謂ひて登臨らしめず。ただ、東の峯のみは四方磐石にして、昇り降りは坱圠し。その側に泉流れて冬も夏も絶えず。坂より東の諸国の男女、春の花の開くる時、秋の葉の黄つ節、相携ひ駢闐り、飲食を齎賚て、騎にも歩にも登臨り、遊楽び栖遅ふ。その唱に曰く、

筑波嶺に　逢はむと　言ひし子は　誰が言聞けばか　さね会はずけむ

筑波嶺に　廬りて　妻なしに　我が寝む夜は　早も明けぬかも

詠へる歌いたく多くして、載するに勝へず。東の俗の諺に云く、「筑波峯の会に

娉財を得ず。児女なさざりき」と言へり。

＊この記事は、春と秋に筑波山で催された「歌垣」について叙述したものである。「歌垣」は「うたがき」とも「かがい」とも言われ、春や秋に、日を決めて信仰の場として知られた山や水辺に多くの人々が集い、飲食や歌舞の宴とともに若い男女がその日一日の恋愛を楽しんだと言われる古代の習俗である。加えてこの行事は、農作物の豊作を予祝する信仰的な意味合いもあったと考えられている。筑波山の歌垣が有名であったことは、『万葉集』巻九に、

鷲の住む　筑波の山の　もはき津の　その津の上に　率ひて　娘子壮士の　行き集ひ　かがふ嬥歌に　人妻に　我も交はらむ　我が妻に　人も言問へ　この山をうしはく神の　昔より　禁めぬ行事ぞ　今日のみは　めぐしもな見そ　事も咎むな　（一七五九番）

反歌

男神に　雲立ち登り　しぐれ降り　濡れ通るとも　我帰らめや　（一七六〇番）

という「高橋虫麻呂歌集」に収められていた長歌と反歌が残されていることからも分

かる。この長歌の中に「人妻に　我も交はらむ　我が妻に　人も言問へ」とあることに注目して、「歌垣」では倫理から外れた恋愛が許されているとみる説が有力であるが、これに関しては異論もある。いずれにしても日常的な秩序を超えた非日常的で開放的な行事であったことは間違いないであろう。

　さて、風土記に記されている二首の歌謡は、この記事によれば歌垣の宴において詠まれたものである。一首目の、

　筑波嶺に　逢はむと　言ひし子は　誰が言聞けばか　さね会はずけむ

は、筑波山の歌垣で会おうと約束した娘が、事もあろうに別の男と約束したらしく、すっぽかされて待ちぼうけをしている男の嘆きを詠んだものである。二首目も、

　筑波嶺に　廬りて　妻なしに　我が寝む夜は　早も明けぬかも

とあるように、パートナーを得られなかった男の歌であり一人寝の悔しさと惨めさを味わいながら、「早く夜が明けてくれ」と嘆いた歌である。いずれも失恋の悲しさ、あるいは惨めさを詠んだものであるが、これは誰か個人の失恋を対象としたものではなく、宴での戯れ歌であり座興として笑いを誘うものであったと考えるのが妥当であろう。これらの歌謡に続いて「詠へる歌いたく多くして、載するに勝へず」と記されているところから、私たちは多くの歌を楽しみながら繰り広げられたであろう「歌

垣」の様子を想像することができる。

それに続く「筑波峯の会に娉財を得ず。児女なさざりき」という歌垣にちなんだ諺については、男からの結納品（娉財）を得られない娘は、一人前の女性とは認めない、と解釈されてきた。しかし、古代の日本では、女性の側から男性に対して結納品（娉財）を贈るのが通常の婚姻習俗であり、直前の歌謡が男性の失恋に関するものであることを考え合わせると、この諺についても、女性の側からの結納品を得られなかった男をからかったものだと考える方が妥当であると思う。

◈「倭武天皇の巡行」（行方郡）

行方郡と名づけた理由は、〔次のような言い伝えがあるからだ。〕倭武天皇が諸国を巡行されて、流海（霞ヶ浦）の北方を鎮め平定された。そこで、この国を通過されて、槻野の清泉にお立ち寄りになった。〔その清泉の〕水際に接して手を清められ、〔美しい〕玉を使って井をお造りになった。その井は今も行方の里の中にある。玉の清井と言っている。〔そこから〕さらに乗り物を進めて現原の丘に行かれ、〔現原の神に〕お食事を供え捧げられた。その時、天皇は四方をぐるりと見渡され、お傍にお仕えする人たちを振り返り見ておっしゃったことには、「乗り物を止めてあたりを廻り、目を凝らしてはるか遠くを眺めやってみると、山の奥まったところ、海の曲がりくねったところは、複雑に交わり〔蛇のように〕くねっている。山の頂には雲がかかり、谷の腹には霧が満ちている。景色の彩は美しく、土地の姿はじつに見事だ。よろしい、この国の名は行細し（姿が妙なる）国と呼ぶがよい」とおっしゃった。後世、〔この伝えを〕受け継いで、やはり、行方と名づけた。〔在地の言い習わしでは、「立雨が降る行方の国」と言っている。〕

❖行方の郡と称ひし所以は、倭武天皇、天の下を巡狩まして、海の北を征平けたまひき。ここに、この国を経過ぎたまひ、槻野の清泉に頓幸しき。水に臨みてみ手を洗ひ、玉をもちて井となしきたまひき。今も行方の里の中にあり。玉の清井と謂ふ。さらに車駕を廻らして、現原の丘に幸し、御膳を供へ奉りき。時に、天皇四を望み、侍従を顧て曰はく、「輿を停めて徘徊り、目を挙げて騁望はせば、山の阿、海の曲は、参差り委蛇へり。峯の頭は雲を浮かべ、谿の腹は霧を擁く。物の色可怜く、郷体いたく愛し。宜、この国の名は行細し国と称ふべし」とのりたまひき。後の世、跡を追ひて、なほ、行方と号けき。〔風俗の諺に、「立雨零る行方の国」と云ふ。〕

＊この記事に出てくる槻野は、現在の茨城県行方市井上という説が有力である。この伝説は「なめかた（行方）」という地名の由来を述べたものである。このような地名の由来を述べるものを地名起源説話と呼んでいる。和銅六年（七一三年）に発せられた風土記編纂の官命（大和朝廷から出た行政上の命令）第四項で、山川原野の地名の由来を報告することが要求されており、現存の風土記にはこの地名起源説話が多く残されている。風土記の最も風土記らしい特色は地名起源説話だと言っていい。

さて、この伝説によると、「なめかた」と名づけられたのは、この地を巡行した倭武天皇が現原の丘で国見をしたところ、山や海の曲線がまことに美しい場所であったことに心を動かされた天皇が「宜、この国の名は行細し国と称ふべし」と言ったことが「なめかた」の由来であると伝えている。「なめくはし」から「なめかた」のように地名の語形が変化することも地名起源説話ではしばしばみられる特徴である。

ところで、ここに出てくる倭武天皇とは、他の倭武天皇伝承も含めて判断すると、景行天皇の皇子である日本武尊のことだと考えられる。記紀には日本武尊（『古事記』では倭建命）が即位したという記事は見当たらず、ここで天皇とされていることについては諸説ある。風土記が古代中国の地誌をモデルとしていることを踏まえて考えると、国土を巡行する帝王というイメージを投影させているのではないかという仮説もあり得るだろう。

さてこの伝説によると、倭武天皇は常陸国を廻りながら様々な事業を成し遂げているが、その中でもとくに注目されるのが、ここにも登場する新しい井泉の開削である。古代の日本では、生活と農耕に欠かせない井戸に対する信仰があった。井戸を神聖視する考え方は、ここに出てくるように「玉井」や、その他「大井」「御井」など、美称を冠した呼称があることからも察せられる。『万葉集』にも、

山辺の　御井を見がてり　神風の　伊勢娘子ども　相見つるかも　（巻一・八一番）

という歌がある。この歌に詠まれた山辺の御井の所在は分かっていないが、わざわざ見に行くという歌が残されているところからも、井戸に対する信仰や関心の広がりを確認することができるだろう。

もう一つの問題は、倭武天皇が現原の丘に登って、この土地の神に食事を供し四方の景色を眺めて褒め讃えていることである。現原の丘は、現在の茨城県行方市芹沢のあたりとされている。天皇が小高い山や丘に登って国土を見渡すことは「国見」と呼ばれる古代儀礼の一つであり、国土を眺め渡して農耕の豊作を祈願し国を讃めること

が儀礼としての重要な行為である。記紀には難波宮における仁徳天皇の国見の記事が残されている。また、舒明天皇が天の香具山に登って国見をした時の歌が『万葉集』巻一に残されている。

大和には　群山あれど　とりよろふ　天の香具山　登り立ち　国見をすれば　国原は　煙立ち立つ　海原は　かまめ立ち立つ　うまし国そ　あきづ島　大和の国は　（二番）

この歌は、山や丘に立って国土を見渡し国讃の言葉を唱えるという、国見儀礼の行為を具体的に詠んだものである。これを踏まえて倭武天皇の国見について考えてみると、現原の丘で土地の神に御膳を供奉するというところに特色がある。大和朝廷が東国の国々に進出を果たす上で、土地の神と融和するために食事を奉り国見をすることには重要な意味があったと考えられる。そのような視点から見ると、土地の神への奉仕を含む国見儀礼と、民衆の生活に直結する井泉開削の事業は東国を統治するための車の両輪の役割を果たしていたのではないかと思われる。

◆「夜刀の神の伝説」（その一）（行方郡）

古老が言うことには、石村の玉穂の宮で天下を統治された天皇（継体天皇）の御世に、ある人がいた。〔その人〕箭括の氏麻多智は、郡の役所から西方にある谷の葦原を調べて、開墾して新しい田を耕した。この時、夜刀の神が群れを成して〔仲間を〕引き連れて一匹残らずやって来た。〔夜刀の神は〕ところ構わず邪魔をして、耕作させようとしなかった。〔在地では、蛇のことを夜刀の神と言っている。その姿は、胴体は蛇で頭に角がある。人々が連れ立って夜刀の神の災いから逃れようとする時、うっかりその姿を見ようものならば、その一族は滅び子孫が絶えてしまうと言われている。まったく、この郡の役所の近くの野原にはおびただしい数の夜刀の神が住んでいる。〕さて、麻多智は〔夜刀の神を目の当たりにして〕大激怒し、甲鎧を身に着けて、自ら仗を握りしめて、〔夜刀の神を〕切り殺して撃退した。山と野の境界の入り口まで〔夜刀の神を〕追い詰めて、境界を示す杖を境の堀に寝かせ置いて、夜刀の神に告げて言うことには、「この境界から上は、神域とすることを認めましょう。この境界から下は、人々よ、耕作するがよい。今後は、私が夜刀の神を斎う人となって、子々孫々まで慎んでお祭りしましょう。どうか人々に祟らないで下さい、恨まないで下さい」と言って、社を造営して初めて〔夜刀の神を〕祭った、と〔古老が〕言った。また、耕田十町余りを開墾し、麻多智の子孫が継承して祭りを斎行し、今に至るまで絶えず続いている。

❖古老の曰はく、石村の玉穂の宮に大八洲馭しめしし天皇のみ世、人ありけり。箭括の氏麻多智、郡より西の谷の葦原を点て、墾闢きて新に田を治りき。この時、夜刀の神、相群れ引き率て、ことごとくに到来りき。左右に防障へて、耕佃らしむることなかりき。〔俗云はく、蛇を謂ひて夜刀の神となす。その形は、蛇の身にして頭に角あり。率引て難を免るる時、見る人あらば、家門を破滅し、子孫継がず。

すべて、この郡の側の郊原に多に住めり。」ここに、麻多智、大きに怒りの情を起こし、甲鎧を着被て、自身仗を執り、打ち殺し駈逐ひき。山の口に至り、標の梲を堺の堀に置きて、夜刀の神に告げて云はく、「ここより上は神の地となすを聴さむ。ここより下は、人、田を作るべし。今より後、吾、神の祝となりて永代に敬ひ祭らむ。冀はくは、な祟りそ、な恨みそ」といひて、社を設けて初めて祭る、といひき。また、耕田一十町あまりを発きて、麻多智の子孫、相承けて祭りを致し、今に至るまで絶えず。

✽この伝説の舞台となった郡から西の谷がどこを指すかはよく分からないが、次に挙げる（その二）の末尾に「香嶋に向かふ陸の駅道なり」とあるところから考えて、行方郡の当麻里、つまり現在の茨城県鉾田市近辺ではないかと考えられる。

　さて、本文の中でも説明されている通り、夜刀の神とは蛇のことである。蛇は、神話や伝説の中にしばしば登場し、雷の神や剣の神とも深いつながりがある。また日本のみならず、世界中の神話においても蛇はよく登場する。神話において蛇はグローバルな存在である。

さてこの夜刀の神の伝説は、前後二段に分かれており、前半は継体天皇時代の出来事、後半は孝徳天皇時代の出来事について述べたものである。時代的にみて二つの伝承の間には、百二十〜百三十年ほどの開きがあり、時間の経過とともに人間と蛇の関係や信仰に変化があったことが分かる。

前半の継体天皇の時代、箭括の氏麻多智がこの地の谷を開墾して新しい田を造って稲作を始めたところ、そこに夜刀の神が現れて耕作を妨害したという。ここで注意しておきたいことがひとつある。谷や低湿地を意味する関東地方の方言に「やつ」「やと」などがあり、現在でも地名として残っている。これを踏まえて考えるならば、夜刀の神とは、麻多智が開墾した谷に棲む蛇であったと考えられる。この伝承は、人間が野生の生き物の棲む場所を次々と奪っていくことが、今に始まった問題ではないことを私たちに教えてくれる。

ところで、この中で大切なのは、そのようにして谷を切り開く一方で、夜刀の神との共存を図ろうとしていることである。麻多智は夜刀の神に対して怒りながらも、「ここより上は神の地となすを聴さむ。ここより下は、人、田を作るべし。今より後、吾、神の祝となりて永代に敬ひ祭らむ。冀はくは、な祟りそ、な恨みそ」と言って、杖を置いて境界を定め、さらに社を造って永遠に祭ると約束している。ここに記された土地の言い伝えによれば、夜刀の神は一つ間違えば一家を滅ぼす恐ろしい存在であり、また、安心して農作をすることを阻む困った存在でもあった。それゆえに、人間が夜刀の神の領域を侵すことは、一歩間違えれば恐ろしい禍に見舞われる可能性があることを意味しており、神の領域を設定して祭りをすることは不可欠であったと考えられる。

この伝説の前半部分は、そのような蛇を恐れ敬い祭ることによって、人と蛇との共生を図る知恵として信仰が有効に働いていた時代があったことを示しているとみることができるだろう。

◈「夜刀の神の伝説」（その二）（行方郡）

その後、難波の長柄の豊前の大宮で天下を治められた孝徳天皇の御世になって、壬生連麿が、初めてその谷を治めて池の堤を築かせた。まさにその時、夜刀の神が、池のほとりの椎の樹に昇って集り、いつまでたっても去っていかなかった。そこで、麿は、大声で叫んで、「この池を造営させているのは、まったく、〔生活を安定させて〕人々を生き生きさせることにある。〔お前たちは〕いったい何という神なのだ、どこの神なのか。どうして天皇の威光に従わないのだ」と言った。〔池の造営のために〕働いている民に命じて言うことには、「目に見えるいろいろな物や、魚や虫の類は、ためらったり恐れたりすることなどなく、ひとつ残らず打ち殺せ」と言い終わったその時、神の蛇はその場から消えてなくなった。この伝説で語られている池は、今、椎の井と呼んでいる。池の西の椎の切り株から清泉が湧き出している。その井に因んで池の名に付けた。そこは、香島の地に向かう駅道沿いである。

❖その後、難波の長柄の豊前の大宮に天の下知らしめしし天皇のみ世に至り、壬生の連麿、初めてその谷を占めて、池の堤を築かしめき。時に、夜刀の神、池の辺の椎の樹に昇り集ひ、時を経れども去らざりき。ここに、麿、声を挙げて大言びて、「この池を修めしむるは、要、民を活かすにあり。何の神、誰が祇ぞ、風化に従はぬ」と言ひき。役の民に令せていはく、「目に見ゆる雑の物、魚虫の類は、憚り懼るるところなく、随尽に打ち殺せ」と言ひ了るすなはち、神の蛇避り隠りき。いはゆるその池は、今、椎の井と号く。池の西の椎の株より清泉出づ。井を取りて池に名づけき。香嶋に向かふ陸の駅道なり。

✲夜刀の神伝説の後半部分は、人間と蛇との共生が崩れて蛇を駆逐するという人間優位の考え方が表れたものといえる。

孝徳天皇の時代になるといわゆる大化改新に基づく政策が推し進められ、それはやがて天智・天武・持統朝における律令制度に基づいた中央集権的な国家体制につながっていく。ここに登場する壬生の連麿は、常陸の行方郡建郡にも関与した旧国造（茨城国造）であると同時に、小乙下という冠位（天智天皇時代に制定された冠位の第二十四階）を授けられた新しい制度に属する下級官僚でもある。律令に基づく法治国家に生まれ変わることは、言い換えれば法の秩序の下にすべての存在が序列化されることであり、それは神についても言えることであった。『出雲国風土記』には、三百九十九の神社があることが記され、そのうち百八十四社の管理を神祇官がしていたことが記されている。また、平安時代に編纂された『延喜式』には、朝廷が祭祀する神社のリストである神名帳も作成されている。この伝説の後半部分は、このような国家による神の統制が、孝徳天皇の時代から徐々に進行していたことを示すものと言えるだろう。常陸国において恐れられ信仰されてきた夜刀の神も例外ではなかったのである。壬生の連麿が「何の神、誰が祇ぞ、風化に従はぬ」と言っていることは、夜刀の神も天皇の風化に従わなければならなかったことを端的に示しているだろう。

◆「童子女松原の伝説」（香島郡）

南の方向に、童子女の松原がある。昔、髪を束ねず垂らした年の若い男と女がいた。男を那賀の寒田の郎子と言い、女を海上の安是の嬢子と言った。二人とも容姿が立派で美しく、近隣の村々にまで評判が高かった。それぞれの評判をお互いに伝え聞いて、ともに慕る思いをこらえていたけれど、自制の心が消えていった。こうして月が経ち、日が重なり、男女が歌をかけ合い求婚する歌垣の集いで、二人はたまたま出遇ったのである。その時に郎子が〔誘いかける〕歌で、

いやぜるの　安是の小松に　木綿垂でて　吾を振り見ゆも　阿是小洲はも

（いやぜるの　安是の小松の枝に木綿を垂れて、私を振り返って見ているよ。ああ、阿是の小島よ）

〔と詠んだ。〕嬢子が返し歌を歌って、

潮には　立たむと言へど　汝夫の子が　八十島隠り　吾を見さ走り

〔あなたは〕潮の流れに立とうと言うけれど〔不可能な恋をしようと言うけれど〕、あなたは人目につかないように島々に身を隠しながら、私を見て走り寄ってくるのね〕

〔と詠んだ。〕

二人は顔と顔を近づけ合いたいと思い、その場に集う人々に〔自分たちの禁忌違反を〕知られることを恐れて、歌垣の場から身を避けて、松の樹の下に隠れて、手を握りあい、膝を寄せ合わせ、互いの恋の心を語り胸のつかえを一気に吐露するのであった。長い間積もり積もった熱い恋の病はここにまったく癒え、また新しい歓喜に、つぎからつぎへと笑みがこぼれる。

おりしも、玉のような露が梢に置き、秋風の起つ季節、皓々と月明かりが照るところは、鳴く鶴が飛んでゆく西の洲。〔さわさわと〕松に吹く涼風が吟うところは、渡る雁が飛んでゆく東の山。昼は古くから湧く岩清水で森閑と静まり、夜は新しく煙のように降りる霜でひっそりと寂しい。近くの山では、自然と黄葉が林に散る景色が見え、遠い海からはただ蒼波が渚の砂礫を打つ音が聞こえる。今宵、この二人にはこの楽しみより楽しいことはない。男女は語りあう甘い味に耽り、すっかり夜の明けようとするのを忘れていた。にわかに鶏が鳴き犬が吠え、天は明るくなり、太陽が照らす。すると二人はどうしてよいか分からなくなり、ついに人に見られることが恥ずかしくて、松の樹に成ってしまった。郎子を奈美松といい、嬢子を古津松という。昔からこのように名をつけて、今日に至るまでそのままである。

❖南のかたに、童子女の松原あり。古、年少き童子ありき。男を那賀の寒田の郎子と称ひ、女を海上の安是の嬢子と号ひき。並に形容端正しく、郷里に光華けり。名声を相聞きて、同に望念を存ち、自愛む心滅ぬ。月経ち、日累りて、嬥歌の会に、邂逅に相遇へり。

時に、郎子歌ひて曰く、

いやぜるの　安是の小松に　木綿垂でて　吾を振り見ゆも　阿是小洲はも

嬢子、報へ歌ひて曰く、

潮には　立たむと言へど　汝夫の子が　八十島隠り　吾を見さ走り

すなはち、相晤まく欲ひ、人の知らむことを恐りて、遊の場より避り、松の下に蔭りて、手携はり、膝を促け、懐を陳べ、憤を吐く。すでに故き恋の積もれる疹を釈き、また、新しき歓びの頻なる咲を起こす。時に、玉の露おく杪の候、金の風ふく風の節、皎々けき桂の月の照す処は、唳く鶴のゆく西の洲。颯々に松の颸の吟ふ処は、度る雁のゆく東の岵。昼は寂寞かにして巌の泉旧り、夜は蕭条かにして烟れる霜新なり。近き山には、自ら黄葉の林に散る色を覧、遥き海には、ただ蒼波の磧に激く声を聴く。茲宵、この楽しみより楽しきはなし。偏へに語らひの甘き味に沈り、頓に夜の開けむことを忘る。俄かにして、鶏鳴き、狗吠えて、天暁け日明かなり。ここに、僮子等、なすところを知らず、遂に人の見むことを愧て、松の樹と化成れり。郎子を奈美松と謂ひ、嬢子を古津松と称ひき。古より名着けて、今に至るまで改めず。

✲童子女の松原の所在地は鹿島灘に面した海岸とも言われているが定説はない。この伝説は、この松原で催された秋の歌垣を題材としたものである。歌垣については筑波山伝説の解説でも触れたが、春と秋に日を定めて多くの人々が山や水辺に集って集団で飲食や歌舞を楽しみ、さらに自由な恋を楽しむという民間習俗の一つである。童子女の松原伝説の特色は、多くの漢語を取り入れて書かれているところにある。特に後半部の美しい叙景表現は中国六朝時代の七夕詩や、初唐の作品に出てくる表現を利用した形跡があり、編者はこれを牽牛と織女の七夕伝説風に叙述しようという意図があったものと考えられる。しかしながら、このような意図はもともとの伝説にはなかったと考えるべきであろう。そこで、そのような漢語を除いて整理してみると、これは歌垣の場におけるある種の「禁忌破り」をめぐる伝説であったことが分かる。その「禁忌破り」とは、諸説あるが、大筋では歌垣の儀礼を司るための神聖な存在であるべき（恋をすることが許されない）男と女が、こともあろうに恋に落ちるというものであったと考えられる。二人は、その立場を弁えず、「相語まく欲ひ、人の知らむことを恐りて」松の木の下で恋にふけり、「夜の開けむことを忘」れ、気がついた時にはすっかり夜が明けていて、自分たちの姿を「人の見むことを愧て」松の樹に化身してしまうのである。前半部の恋が甘く濃密であることが結末の悲劇を際立たせている。

ところで、この伝説にはこれまで見過ごされてきた問題がある。その問題とは、この悲劇の発端と結末の微妙な食い違いである。ここで、発端を結末と並べてみると、

発端↓知られることを恐れる。

結末↓見られることを恥じる。

となり、発端と結末では二人の思考と心理に変化が生じていることが分かる。発端では、他人に知られることによって生じる何かが問題となっているのであり、結末では、人目に曝されることによって生じる「恥」の感覚が問題となっているのである。

この「恥」という心理的問題は、日本の神話・伝説に繰り返し出てくる特色である。そして「恥」が問題となった物語では、必ずと言ってよいほど「恥」を受けた（恥をかかされた）者が去っていくという終わり方が待っている。そこにさらに、「潔く（去る）」や「はかなく（去る）」といった美意識が重ねられているのである。これは

日本文化の価値観を考える上でも見逃すことのできない問題であり、この伝説を考える上でも十分に注意しなければならない。

このような問題を踏まえて、この伝説に戻るならば、先に指摘した発端と結末の食い違いは、

発端↓許されない恋愛の罪によって追放されることを恐れる心理。
結末↓二人の逢瀬が露見することを恥じて、はかなく去ることによって美化する心理。

と整理することができるように思う。この違いはまさに劇的な変化であるが、このような変化が生じた理由は、この二人とそれを取り巻く環境、彼らと村里の人々との関係にあるだろう。

二人が発端において恐れたのは、許されない恋愛という禁忌を犯した「罪」によって村里から「追放される」ことであったと想像される。それを村里の人々の視点から、捉えるならば二人を「追放する」ことである。「追放」という制裁を科すことは、おそらく村里の人々にとって重い精神的負担であっただろう。その負担の解消がはかなくも美しい結末を生み出したのだと考えられる。一夜の逢瀬の露見を恥じて松に化身することによって、この伝説は哀れで美しい悲劇として幕を閉じ、若い男女の禁忌破

りと、追放する村里の人々の心の痛みはみごとに解消される。これは実に日本的な物語なのである。

ところで、私たちがこの伝説を通して考えなければならないのは、美意識の奥に潜んでいる日本人の罪悪感の問題である。古代常陸国で伝承された童子女の松原の悲劇の背後にある罪悪感の問題は、現代の日本人の生き方にもつながる問題であるように思われる。

◆「努賀毗古と努賀毗咩の伝説」（那賀郡）

茨城の里。ここから北の方向に高い丘がある。名を晡時臥の山と言う。古老が伝えて言うには、兄と妹と二人が暮らしていた。兄の名を努賀毗古、妹の名を努賀毗咩と言った。ある時、妹の努賀毗咩が寝所にいると、〔いつのまにか〕人が部屋にいて、その人の姓名は分からなかった。いつもやって来ては結婚を迫り、夜に来て昼には帰っていった。とうとう夫婦の契りを交わして、一夜にして懐妊した。臨月を迎えて、〔産気づいたあげく〕小さい蛇を出産した。〔その蛇の子は〕夜が明けるとしゃべれない様子であり、日が暮れると母と〔だけは〕話をした。こういう訳で、母と伯父は驚いて不審に思い、もしかすると神の子ではないかと思って、清浄な器に蛇の子を載せて、壇を設置して〔そこに器を〕安置した。〔すると〕一晩のうちに、すっかり器の中にあふれるほどの大きさになった。さらに

〔より大きな〕お盆に〔大きくなった蛇の子を〕載せ替えて置いた。するとまた、お盆の中にあふれるほどの大きさになった。

このようなことが三回となり四回となって、〔大きくなった蛇の子を〕載せる器が底をついてしまった。母は、我が子に告げてこう言った、「あなたの気量を器で確かめてみると、当然のこととして神の子であると分かった。私たち一族の力ではとうてい養育することができません。父親がいらっしゃる場所に行くのがよいでしょう。ここにいてはいけません」と言った。その時、蛇の子は哀しみにくれて泣き、顔の涙を拭って答えて言うには、「謹んでお母様のお言葉を承りました。おして嫌だとは申しません。そうではありますが、私はたった一人で出ていくことになり、道連れの者は誰もいません。一人で去って行く私を不憫に思って、どうかひとりの子どもを道連れに付けて下さい」といった。母が〔重ねて〕言うには、「我が家にいるのは、母と伯父だけです。このことも、あなたはよく知っていることでしょう。道連れに添えてやる人は誰もいないのです」といった。それを聞くと、蛇の子は心に恨みの気持ちを深く抱き、〔恨みの深さゆえに〕一切の言葉が口から出なかった。訣別の時がやってくると、蛇の子は怒りを抑えることができず、伯父を怒りに任せて殺して天上に昇っていった。その時、母は仰天して、お盆を手に取って投げ当てたところ、蛇の子は昇ることができなくなった。その結果、この峰に留まっ〔て鎮座し〕た。〔蛇の子を〕載せたお盆は、今も片岡の村にある。その子孫は、社を建てて祭祀を執り行い、代々それを引き継いで絶えることがないという。

❖茨城の里。ここより北のかたに高き丘あり。名を晡時臥の山と曰ふ。古老曰く、兄と妹と二人ありき。兄の名を努賀毗古、妹の名を努賀毗咩といひき。時に、妹、室にあれば、人ありて姓名を知らず。つねに求婚に就きて、夜来たりて昼去りき。つひに夫婦となりて、一夕に懐妊みぬ。産むべき月に至りて、終に小さき蛇を生みき。明くれば言なきがごとく、闇るれば母と語りき。ここに、母と伯、驚き奇しみ、心に神の子ならむと挟ひ、浄き杯に盛りて、壇を設けて安置きき。一夜の間に、すでに坏の中に満ちぬ。さらに瓮に易へて置きき。また瓮の内に満ちき。かくのごときこと三たび四たびにして、器を用ゐ敢へずありき。母、子に告げて云く、「汝が器宇を量るに、おのづからに神の子と知りぬ。我が属の勢にては養長すべからず。父のいます所に従くべし。ここにあるべからず」といひき。時に、子哀しみ泣き、面を拭ひて答へて云く、「謹しみて母の命を承りぬ。敢へて辞ぶるところなし。しかれども、一身の独り去き、人の共に去くなし。望請はくは、矜びて一の小子を副へたまへ」といひき。母云く、「我が家にあるは、母と伯父とのみ。是もまた、汝明らかに知れり。人の相従ふべきなし」といひき。ここに、子恨みを含みて、事吐はず。決別るる時に臨みて、怒怨に勝へず、伯父を震り殺して天に昇りき。時に、母驚動きて、瓮を取りて投げ触てしかば、子昇ることを得ざりき。よりてこの峰に留まりき。盛りし瓮甕は、今も片岡の村にあり。その子孫、社を立てて祭を致し、相続ぎて絶えず。

✲この伝説に出てくる晡時臥山の読み方については諸説あり決定的な訓は定まっていない。所在地は、茨城県水戸市と笠間市の境にある朝房山とする説が有力である。

古代の日本では男が女の住まいに通っていく「妻問い」という結婚形態が一般的であったと言われている（高群逸枝）が、夜中に見知らぬ男が女の家に通ってきて結婚し、生まれた子供が蛇であったというこの伝説は晡時臥山に鎮座する神の縁起伝説であり、三輪山型神話の一類型である。後に取り上げる『肥前国風土記』の「褶振の峰の伝説」もやはり三輪山型神話の一つである。なお、この伝説において男の求婚に応じた努賀毗咩について、蛇を意味する方言に「ナギ」があるという指摘（柳田国男）を受けて、その同系語「ノガ姫」とは蛇姫であるとする説（佐竹昭広）がある。

この他にもいくつかの特色がある。まず、一夜で身ごもるという一夜婚の側面、次に生まれたのは小さな蛇（小さ子）であり、実はそれが異常な生命力をもつ神の子であるという側面、さらにその蛇が「浄き杯に盛りて、壇を設けて安置きき。一夜の間に、すでに坏の中に満ちぬ」とあるように、一夜で器に満ちるほど成長するという、異常な成長を遂げることなど、さまざまな神話・伝説のパターンが、この小さな蛇の誕生と成長に盛り込まれている。また、母と伯父が兄と妹であるという設定については、古代日本ではきょうだい（兄と妹、姉と弟）が祭政を司るといういわゆるヒコ・

ヒメ制とも関係している可能性が考えられる。

子である蛇が、別れに際して恨みと怒りを露わにして伯父を「震り殺して天に昇りき」という行動は、雷神の性格も読み取れると同時に、産みの母親から追放されるという点にも注意を払うべきであろう。日本の神話や伝説において、英雄的な存在は、神話のスサノヲにせよ『源氏物語』の主人公光源氏にせよ、母とのつながりが薄いだけでなく、生まれた土地を離れて流離する（『源氏物語』では「須磨・明石の巻」）という運命を背負わされている。ここに日本的な英雄像の特色がある。この伝説でも、そのような日本的な追放される英雄の伝説としての側面が顕著にみられるように思う。

第二章　出雲国風土記（いずものくにふどき）

出雲大社

『出雲国風土記』は、巻末において天平五年（七三三年）二月に出雲臣広島が最終的に編集したことが明記されており、現存風土記の中で成立年と編者が確認できる唯一の史料である。意宇郡に始まり大原郡に終わる各郡の記事は整然とした形式で統一されており、また和銅六年（七一三年）に下された風土記編纂の官命で報告が求められている項目のほぼすべてにわたっての記述が残されているところにこの風土記の価値がある。さらに、同時代に成立した『古事記』や『日本書紀』の中に記されているいわゆる「出雲神話」とは異なった神話や伝説が豊富に残されており、古代史を研究する上でも貴重な史料である。

本書では、国引き神話、ワニ（鮫）に襲われた娘の父が復讐をする実録風の伝説をはじめとして、この風土記にしか残されていない「出雲神話」を取り上げた。

◆「出雲国」総記

出雲の国の風土記

国のおおよその地理は、東を起点として、西南を終点とする。東と南とは山地であって、西と北とは海に面している。東西の距離は、およそ七十三・三キロメートル（一百三十七里一十九歩）、南北の距離はおよそ九十七・六キロメートル（一百八十二里一百九十三歩）である。

この国の長老である私は、事柄のはしばしまで子細に思いめぐらし、言い伝えの本源を判断してまとめました。また、山、野、浜、浦などの様子、鳥獣の棲んでいる様子、魚、貝、海菜の類など、ほんとうに多くて、すべてを数え上げることはできませんでした。そのようではありますが、やむを得ない事柄は、おおよそのところを列記して、報告の体裁を整えました。

八雲といった理由は、八束水臣津野の命が「八雲立つ」と、おっしゃった。だから、八雲立つ出雲と言った。

合わせて神の社は、三百九十九所である。

一百八十四所は、神祇官に登録されている。

二百一十五所は、神祇官に登録されていない。

九つの郡がある。郷は六十二、〔里は一百八十一。〕余戸は四、駅家は六、神戸は七、〔里は一十一。〕

❖出雲の国の風土記

国の大體は、震を首とし、坤を尾とす。東と南とは山にして、西と北とは海に属く。東西は、一百卅七里一十九歩、南北は一百八十二里一百九十三歩。老、枝葉を細しく思ひ、詞源を裁り定む。また、山野、浜浦の処、鳥獣の棲、魚貝、海菜の類、良に繁多にして、悉には陳べず。然はあれど止むことを獲ぬは、粗、梗概を挙げて、記の趣をなす。

八雲といふ所以は、八束水臣津野命、詔りたまひしく、「八雲立つ」と詔りたまひき。故、八雲立つ出雲と云ひき。

合せて神の社、三百九十九所。

一百八十四所、神祇官にあり。

二百一十五所、神祇官にあらず。

九つの郡。郷六十二、〔里一百八十一〕余戸四、駅家六、神戸七、〔里二十一。〕

✽これは、『出雲国風土記』全体の総記に当たる冒頭の記事である。出雲国は現在の島根県に相当するが、島根県西部は古代では石見国に当たる。この記事では出雲国を概観するにあたり、国の起点と終点を示し東西と南北の距離を示すという書き方が採られており、またそれに続く神社・郡・郷・里・余戸・駅家・神戸などについても総数を列挙するという統計的な視点から記述されているが、このような数値的データに基づいて記述する方法は、この風土記において一貫してみられる姿勢であり、他の風土記にはみられない特徴である。しかも『出雲国風土記』は、各記事を記述するにあたり統一的な書式で整えるという方針が貫かれている。各郡の記事は、

（1）郷・（余戸里）・駅家・神戸の総数
（2）各郡・郷（余戸里）の地名起源記事
（3）駅家・神戸の記事
（4）寺社列挙
（5）山地の所在
（6）草木鳥獣列挙
（7）水系・（島嶼）記事
（8）郡境里程
（9）郡司署名

という具合に整理されており、全体として秩序ある構成の文書となっている。現代の公文書にも匹敵する形式的完成度の高さがこの風土記の特徴である。このような整然とした書式で統一されているところから考えて、編纂にあたってしっかりとした編集の方針があったことは間違いないと思われ、各郡に記載事項に関するフォーマットがあったとする説（荻原千鶴）は支持されてよい。そのようなフォーマットは郡のみならず各郷にまで行き渡っていた可能性が高い。具体的には、『令』の規定によって里（郷）の行政や里で暮らす人々の生活を管理していた里長が、当地の資料をとりまとめ、それを郡司の下で整理統一したという過程が想定される。

『出雲国風土記』が、なぜこのような統一的で完成度の高い資料として成立したのかについて考えてみると、律令国家成立後もこの地において国造が強い力を持っていたことと無関係ではないかもしれない。この風土記の巻末をみると、国造であり意宇郡の大領であった出雲臣広嶋が最終的に取りまとめたことが明記されている。現存風土記の中で唯一編者が確認できると同時に、それを取りまとめた者が国司ではないことは、出雲における国造の重要性を物語るものであろう。国造による情報収集が出雲各地の末端まで行き渡っていたと考えることによって、全土を統一的に把握する文書の作成が可能であったと言えるかもしれない。

◆「国引き伝説」（意宇郡）

　意宇と名づけた理由は、国をお引きになった八束水臣津野命が「（八雲立つ）出雲の国は、幅の狭い布のような未完成の国だ。国の初めは、小さく作ったことだなあ。ならば、作り縫おう」とおっしゃって、「（たくぶすま）新羅の三埼を、国の余りがあるかと見てみると、国の余りがあるぞ」とおっしゃって、童女の胸を抄いとるような鋤を手に取られ、大魚のいきいきしたえらを突くように土地に突き刺して、大魚の肉を（はたすすき）捌くように、土地を切り取り、三本縒りの綱を打ち掛けて、霜つづらを操るように、たぐり寄せて、河船を、にごり酒（もそろ）のような白い水泡の軌跡を曳きながらゆっくりと曳き上げるように、「国よ来い、国よ来い」と掛け声を上げながら引いて来て縫いつけた国は、去豆の折絶から（やほに）杵築の御埼までだ。このようにして国を固定するためにしっかり立てた杭は、石見の国と出雲の国との境にある、名は佐比売山がこれなのだ。また手に持っていた曳き綱は、薗の長浜がこれなのだ。

また、「北の入り口の佐伎の国を、国の余りがあるかと見てみると、国の余りがあるぞ」とおっしゃって、童女の胸を抄いとるような鋤を手に取られ、大魚のいきいきしたえらを突くように土地に突き刺して、大魚の肉を（はたすすき）捌くように、土地を切り取り、三本縒りの綱を打ち掛けて、霜つづらを操るように、たぐり寄せて、河船を、にごり酒（もそろ）のような白い水泡の軌跡を曳きながらゆっくりと曳き上げるように、「国よ来い、国よ来い」と掛け声を上げながら引いて来て縫いつけた国は、多久の折絶から狭田の国がこれだ。

また、「北の入り口の良波の国を、国の余りがあるかと見てみると、国の余りがあるぞ」とおっしゃって、童女の胸を抄いとるような鋤を手に取られ、大魚のいきいきしたえらを突くように土地に突き刺して、大魚の肉を（はたすすき）捌くように、土地を切り取り、三本縒りの綱を打ち掛けて、霜つづらを操るように、たぐり寄せて、河船を、にごり酒（もそろ）のような白い水泡の軌跡を曳きながらゆっくりと曳き上げるように、「国よ来い、国よ来い」と掛け声を上げながら引いて来て縫いつけた国は、宇波の折絶から闇見の国がこれだ。

また、「越の都都の三埼を、国の余りがあるかと見てみると、国の余りがあるぞ」とおっしゃって、童女の胸を抄いとるような鋤を手に取られ、大魚のいきいきしたえらを突くように土地に突き刺して、大魚の肉を（はたすすき）捌くように、土地を切り取り、三本縒りの綱を打ち掛けて、霜つづらを操るように、たぐり寄せて、河船を、にごり酒（もそろ）のような白い水泡の軌跡を曳きながらゆっくりと曳き上げるように、「国よ来い、国よ来い」と掛け声を上げながら引いて来て縫いつけた国は、美保の埼だ。手に持っていた曳き綱は、夜見の島だ。引いてきた国を固定するためにしっかり立てた杭は、伯耆の国にある、火神岳がこれだ。

「今ここに、国は引き終えた」とおっしゃって、意宇の杜に、御杖を突き立て、「おゑ」とおっしゃった。だから、意宇といった。

❖意宇と号くる所以は、国引き坐しし八束水臣津野命、詔りたまひしく、「八雲立つ出雲の国は、狭布の稚国なるかも。初国小さく作らせり。故、作り縫はむ」と詔りたまひて、「栲衾志羅紀の三埼を、国の余りありやと見れば、国の余りあり」と詔りたまひて、童女の胸鉏取らして、大魚のきだ衝き別けて、はたすすき穂振り別けて、三身の綱打ち挂けて、霜黒葛くるやくるやに、河船のもそろもそろに、国来国来と引き来縫へる国は、去豆の折絶より、八穂爾支豆支の御埼なり。ここを以て、堅め立てし加志は、石見の国と出雲の国の堺なる、名は佐比売山、是なり。また、持ち引ける綱は、薗の長浜、是なり。

また、「北門の佐伎の国を国の余りありやと見れば、国の余りあり」と詔りたまひて、童女の胸鉏取らして、大魚のきだ衝き別けて、はたすすき穂振り別けて、三身の綱打ち挂けて、霜黒葛くるやくるやに、河船のもそろもそろに、国来国来と引き来縫へる国は、多久の折絶より、狭田の国、是なり。

また、「北門の良波の国を、国の余りありやと見れば、国の余りあり」と詔りたまひて、童女の胸鉏取らして、大魚のきだ衝き別けて、はたすすき穂振り別けて、三身の綱打ち挂けて、霜黒葛くるやくるやに、河船のもそろもそろに、国来国来と引き来縫へる国は、宇波の折絶より、闇見の国、是なり。

また、「高志の都都の三埼を、国の余りありやと見れば、国の余りあり」と詔りたまひて、童女の胸鉏取らして、大魚のきだ衝き別けて、はたすすき穂振り別けて、三身の綱打ち挂けて、霜黒葛くるやくるやに、河船のもそろもそろに、国来国来と引き来縫へる国は、三穂の埼。持ち引ける綱は、夜見の嶋。固堅め立てし加志は、伯耆の国なる火神岳、是なり。「今は、国は引き訖へつ」と詔りたまひて、意宇の社に御杖衝き立てて、「意恵」と詔りたまひき。故、意宇と云ひき。

✻これは「国引き神話」として知られる意宇郡の地名起源説話であると同時に島根半島の創成神話である。海を隔てた遥か彼方の国々から、余った土地を切り取って太い綱で引き寄せてくるというこの神話の主人公八束水臣津野命は、『古事記』では、淤美豆奴神とありスサノヲノミコトの四世孫に当たる。記紀では神話の中に登場することはないが、この「国引き神話」に見るように出雲国創成に関わる重要な神である。このように記紀ではほとんど活躍しない、あるいは名前も出てこないその土地ならではの神が多く登場するところにも風土記の特徴がある。国家の神話には出てこない「国土の神」あるいは「里の神」の伝説が多く残されているのが風土記独自の価値だと言えよう。

　さて、この神話は四回に分けて島根半島が造られたことを語るのであるが、引いてきたとされる志羅紀の三埼・北門の佐伎の国・北門の良波の国（「良波」は何らかの誤字である可能性が高い）・高志の都都の三埼の所在地については諸説あるが確定的ではない。国引きに関する詞章は「○○を、国の余りありやと見れば、国の余りありと詔りたまひて、童女の胸鉏取らして、大魚のきだ衝き別けて、はたすすき穂振り別けて、三身の綱打ち挂けて、霜黒葛くるやくるやに、河船のもそろもそろに、国来国来と引き来縫へる国は○○なり」とあるように同じ詞の繰り返しであり、「くるやくるや」「もそろもそろ」「国来国来」などの表現は口承伝承の面影を色濃く残していると言えるだろう。また、「童女の胸鉏取らして」や「大魚のきだ衝き別けて」「三身の綱打ち挂けて」など、農耕や漁業に関わると思われる具体的動作を伴った国引きの描写から、島根半島前面に広がる日本海と背後の山々に挟まれた地域に居住し漁業や農業を生業としていた人々がこの詞章を伝えてきたと考えることは自然であろう。

この詞章が成立し展開していく過程については、出雲国の歴史的発展、とりわけ出雲国造の勢力が東から西へと拡大していくことと深い関係があるとする説がある（石母田正）。そのような考え方も可能であるが、島根半島全体を俯瞰するためには海からの視点を考える必要がある。島根半島の沖には、北九州沖から能登半島に向かって流れる対馬海流があり、これに乗れば島根半島の西端日御碕から約三十六時間で東端の美保関地蔵埼に到達する（気象庁HPによると、対馬海流の流速は、黒潮の約四分の一。黒潮は、毎秒二メートル以上。従って対馬海流の流速は毎秒約五〇センチメートル。時速約一・八キロメートルとして計算した場合）。ほぼ一日半で半島の全容を見ることができる訳であり、島根半島の海沿いに居住していた海の民によって生み出されたのが「国引き神話」だと考えることもできると思う。そのように考えるとこの詞章に出てくる「折絶」と呼ばれる場所も、船の運航の目印となる地点であったのではないかと想像される。

さて、この神話では国引きが完成した後、八束水臣津野命が意宇の社に御杖を衝き立てて、「おゑ」と言ったことに因んで意宇と名づけられたと伝えているが、この

「おゑ」は、『播磨国風土記』の伊和大神伝説の中で国作りを終えた時に大神が発した「おわ」という言葉と関係があるのではないかと考えられている。だとすると、この「おゑ」は、単に地名起源のもととなった言葉としてだけではなく、国作り神話にとって重要なキーワードの一つであったと言えるだろう。

◆「毘売埼の伝説」(意宇郡)

さて、北の海に毘売埼がある。〔時は〕飛鳥浄御原宮で天下をお治めになった天皇(天武天皇)の御世の甲戌年(六七四年)七月十三日、語臣猪麻呂の娘がこの埼をさまよっていて、たまたまワニ(サメ)に襲われ、〔不運なことに〕殺されて帰らなかった〔という〕。そのとき、父の猪麻呂は、〔無残にも〕殺された愛娘を浜辺に埋葬し、激しく悲しみ怒り狂い、天を仰いで叫び、大地から〔体が浮き上がるほど〕踊り上がり、歩きながらうめき、座り込みながら嘆き悲しみ、昼となく夜となく苦しみ、娘を埋葬した場所を立ち去ることがなかった。こうしている間に何日も経過した。そしてのちに、激しく憎む心を奮い起こし、〔念入りに〕矢を研ぎ鋒を鋭くし、しかるべき場所をここと定めて座った。神に祈り訴えていったことには、「天つ神千五百万、国つ神千五百万さらにこの国に鎮座しておられる三百九十九の神社、また海神たち。大神の安らかな魂は静まり、荒々しい魂はすべて、猪麻呂の願いに依り憑いてください。本当に神霊がいらっしゃるのならば、どうか私にワニ（サメ）を殺させてください。それによって神霊が本当の神であることを知るでしょう」と言った。しばらくして、ワニ（サメ）が百匹ばかり、静かに一匹のワニ（サメ）を囲んで、ゆっくりと連れて寄ってきて、猪麻呂のいるあたりで進むことも退くこともなく、ただ連れてきたワニ（サメ）をとり囲んでいるだけであった。その時、猪麻呂は、鉾をあげて中央のワニ（サメ）を刺し、ついに完全に殺し捕らえてしまった。その後、百匹ばかりのワニ（サメ）は、思い思いに去っていった。ワニ（サメ）を斬り裂いてみると、娘の片脚が出てきた。そこでワニ（サメ）を切り裂いて串に刺し、路のほとりに立てた。〔猪麻呂は、安来の郡の人、語臣与の父である。その時から、今に至るまで六十年が経過した。〕

❖すなはち、北の海に毘売埼あり。飛鳥の浄御原の宮に御宇しし天皇の御世、甲戌の年、七月十三日、語臣猪麻呂の女子、件の埼に逍遥びて、邂逅に和尓に遇ひ、賊はえて皈らざりき。その時、父の猪麻呂、賊はえし女子を、浜の上に斂め置て、大く苦憤を発し、天に号び、地に踊り、行きて吟ひ居て嘆き、昼も夜も辛苦て、斂めし所を避ることなし。作是る間に、数日を経歴たり。然して後、慷慨の志を興し、箭を磨ぎ鋒を鋭し、便の処を撰びて居り。すなはち、擡み訴へ云ひしく、「天神千五百万、地祇千五百万、ならびに当国に静まり坐す三百九十九社、また海若等、大神の和魂は静りて、荒魂は皆悉に猪麻呂が乞む所に依り給へ。良に神霊坐すことあらば、吾が傷ふ所となし給へ。此を以て、神霊の神たるを知らむ」といへり。その時、須臾ありて、和尓百余り、静かに一和尓を圍繞みて、徐に率て依り来て、居る下に従て、進まず退かず、猶し圍繞めるのみ。その時、鉾を挙げて中央なる一和尓を刃て殺し捕ること已に訖へぬ。然して後、百余りの和尓解散けき。殺割けば、女子の一脛屠り出でき。仍りて、和尓をば殺割きて、串に挂け、路の垂に立てき。〔安来の郷の人、語臣与が父なり。その時より以来、今日に至るまで、六十歳を経たり。」

✻ここに登場する北の海の毘売埼とは、島根県安来市安来町の中海にある十神山の対岸に位置する岬だとされている。

これは、語臣猪麻呂がワニ（鮫）に食い殺された娘の仇討ちをするという事件を記録したものである。語臣とは、いわゆる語部のことだと考えられている。語部は、おもに儀礼の場で口承伝承を語ることを職掌とした職業集団のことであり、その存在は正倉院文書などの文献にも登場する。この伝説の主人公である語臣猪麻呂は、この語部の中心的存在であったと考えられる。

さて、この記事によると、事件が起きたのは天武天皇時代の甲戌年七月十三日である。それは天武天皇二年（六七四年）のことであり、末尾においてそれから六十年が経過していると記されている。六七四年から六十年後、すなわち七三三年はこの風土記が編纂された天平五年に当たり、数字の上から見て正確な記録であることが分かる。しかしながら、天神地祇に祈りを捧げた結果、娘を殺したワニ（鮫）を仲間のワニが語臣猪麻呂の許に届けるという部分は事実とは考えられず、これは実際にあった事件の記録ではなく伝説である。ただし、出雲地方には「因幡の白兎」にもあるように、ワニ（鮫）にまつわる伝説が残されており、このような伝説が生まれる背景に、鮫に襲われる事故が多かったという事実があったと考えられる。

伝説は一般的に事実と信じられ、その出来事が起こった時代、場所、登場人物の名が明記され、しかもその出来事の物的証拠が存在するところに特徴があるとされている。そのような視点でこの記事を整理してみると、

時代＝天武天皇甲戌年七月十三日
場所＝毘売埼
登場人物＝語臣猪麻呂
証拠物件＝串刺しにして道端に晒されたワニ（鮫）

となり伝説の要件を満たしていることが分かる。また、何が（what）「父の仇討ち」、なぜ（why）「娘がワニ（鮫）に襲われて殺されたので」、どのように（how）「天神地祇に祈りを捧げ、仲間のワニの助力を得て」、という要素も具体的に記されている。これに加えて先に挙げた、時代（when）、場所（where）、人物（who）を合わせて5W1Hが揃った完璧な叙事的記事となっているのであり、それがこの伝説に凄味と真実味をもたらしている。この伝説は語臣一族によって、自分

たちの父祖の時代の出来事として言い伝えられてきたのであろう。さらに想像をたくましくするなら、「語臣」が務めとして語った詞章とはどのようなものであったかを推測する上でもこの伝説は参考になるかもしれない。先にも述べた通り、語部は神聖な儀礼における神話的詞章を語ることを仕事としていたと考えられるが、芸能的な伝承を語る役割もあったと考えられている（上田正昭）。そう考えると、この伝承が語臣一族によって伝えられてきたことも頷ける。叙事的な伝説を一座の興味を引くようにドラマチックに語ることも、彼らの役割の一つであったのではないだろうか。

ところで、この伝説は先に解説した風土記編纂上のフォーマットからみると、不必要な記事であるようにも見える。このような余剰とも思える記事は他にも存在するが、それらは「即」で文章が始まるという共通の特徴があり、これについては後に追加された記事ではないかとする説もある。そうだとすると、天平五年に成立したのは再撰もしくは増補された風土記だということになる。この伝説は『出雲国風土記』の成立を考える上でも興味深い記事であると言わねばならない。

◆「加賀の神埼の伝説」（島根郡）

加賀の神埼。ここに岩屋がある。高さ約二十九・七メートル（十丈）ほど、周囲約八百九十三・六メートル（五百二歩）ほどである。東と西と北とに通じている。〔これがよく知られているように、佐太大神がお産まれになったとされる場所である。まさに産まれようとする時に、弓矢が見えなくなった。その時、御母である神魂の命の御子の枳佐加比売の命が、祈願なさって、「私の御子が、麻須羅神の御子でいらっしゃるならば、見えなくなった弓矢よ、出てこい」とお祈りされた。その時、角の弓矢が水の流れに乗って流れ出た。その時の弓を手にとって「これは、違う弓矢だ」とおっしゃって投げ捨てられた。さらに金の弓矢が流れ出てきた。すかさずそれを待ちかまえてお取りになり、「暗い岩屋だなあ」とおっしゃって、矢で〔岩壁を〕射通された。さて御母神、支佐加比売の命の社がここに鎮座されている。今の人は、この岩屋のあたりを通る時には、必ず大声を響かせて行く。もしひっそり行ったりすると、神が出現して突風が吹き、航行する船は必ず転覆する。」

❖加賀の神埼。すなはち岩屋あり。高さ一十条ばかり。周り五百二歩ばかり。東と西と北は通ふ。〔所謂佐太の大神の産生れまししところなり。産生れまさむ時に臨みて、弓箭亡せ坐しき。その時、御祖 神魂命の御子、枳佐加比売命、願ぎたまひしく、「吾が御子、麻須羅神の御子に坐さば、亡せし弓箭出で来」と願ぎ坐しき。その時、角の弓箭、水の随に流れ出づ。その時、弓を取りて詔りたまひしく、「こは、弓箭にあらず」と詔りたまひて、擲げ廃て給ふ。また、金の弓箭流れ出で来。すなはち、待ち取らし坐して、「闇鬱き窟なるかも」と詔りたまひて、射通し坐しき。すなはち、御祖支佐加比売命の社、ここに坐す。今の人、この窟の辺を行く時に、必ず声磅礚かして行く。もし密かに行かば、神現れて、飄風起り、行く船は必ず覆へる。〕

✲加賀の神埼は、現在の島根県松江市島根町加賀の北にある岬とされ加賀の潜戸と呼ばれている。ここで生まれたとされる佐太大神は秋鹿郡の佐太御子社に鎮座する神である。

この伝説は、その佐太大神の出生神話である。神話や伝説においては出産時に通常では考えられないような出来事が起こる。たとえば、『古事記』によれば、天照大御神は父イザナキノミコトの左目から生まれたとする。偉大な神は尋常ならざる形で生まれてくるのであり、このような神話や伝説は異常出生譚とも言われる。さて、佐太大神の出産に際して弓矢が消えたというこの伝説を考える上で注意されるのは、『古事記』中巻の神武天皇条にもみられる丹塗矢伝説との関係である。典型的な丹塗矢伝説は、川から流れてきた丹塗の矢を持ち帰った女性が神の子を産むという内容であるが、さまざまなパターンがあり、この伝説もそのひとつだと考えられる。

産まれた佐太大神の母キサカヒメとは、『古事記』に登場するキサガヒヒメと同神であろう。キサガヒヒメは赤貝の神であり、兄神たちによって殺された大国主神をウムガヒヒメ（蛤の神）とともに蘇生させる。出産時に失せた弓矢が祈願によって戻ってくるということも、母神が生命力を司る力を持っていたことを表しているかもしれない。その祈願の際に語られた「吾が御子、麻須羅神の御子に坐さば」に関しては、麻須羅神が佐太大神の父であったかどうかは明らかにされていないが、金の弓矢が戻ってきたことから推して麻須羅神が父神であったと考えてよいのだろう。ただ、この麻須羅神は他には出てこない神であり、どのような神であったかは不明である。

最後に語られている「密かに行かば、神現れて、飄風起り、行く船は必ず覆へる」というのは、この場所では「ものを言わずに通ってはいけない」というタブーが課せられていたことを述べたものである。このようなタブーが信じられていたのは、この加賀の神埼は海上交通の難所で、しばしば突風に煽られて多くの船が難破する、という事実やそれにまつわる記憶が背景としてあったからではないだろうか。現代的な感覚では迷信に過ぎないと思われるかもしれないが、神話や伝説の背景にはそれが生まれてくる歴史や環境があったことを考えておく必要があるように思う。

◆「杵築の郷の伝説」（出雲郡）

杵築の郷。郡家（役所）から西北に約十五・一キロメートル（二十八里六十歩）。八束水臣津野命が国引きを終えられた後に、〔さらに〕天の下をお造りになった大神の宮を造営して差し上げようとして、多くの皇神たちが宮殿の場所に集まって地面をきづき〔しっかり土を固め〕なさった。だから、寸付といった。〔神亀三年、字を杵築と改めた。〕

❖杵築の郷。郡家の西北二十八里六十歩。八束水臣津野命の国引き給ひし後、天下所造らしし大神の宮、奉らむとして、諸の皇神等、宮処に参集ひて杵築きき。故、寸付と云ひき。〔神亀三年、字を杵築と改む。〕

＊ここに出てくる杵築の社は、現在の島根県出雲市にある出雲大社のことである。

ここでいう天下所造らしし大神とは大国主神のことであるが、『出雲国風土記』では大国主神という名は出てこず、

天下所造らしし大神・天下造らしし大神大穴持の命・天下造らしし大神

などと称せられている。この神は記紀神話にも登場し、『古事記』では亦の名として大穴牟遅の神、葦原の醜男（シコヲ）の神、八千矛の神、宇都志国玉の神の四つの別名を持っている。また『日本書紀』では大己貴神と呼ばれ、記紀では国譲り神話において領有する葦原中国を天孫に譲る神として登場する。『古事記』では、大国主神が、自らが鎮まる社殿を出雲に造営するよう要求したことが記されており、また『日本書紀』神代下第九段一書第二においても、高皇産霊尊が大己貴神のために壮大な社殿を造営することを約束する記述がみられる。しかしながら、『出雲国風土記』には国譲り神話は記載されておらず、また右に見る通り天下所造らしし大神（大国主神）の社殿を建造したのも国引き神話で活躍した八束水臣津野命だと語られており、大和と出雲において伝承された内容が大きく異なっている。この違いは、古代国家の成立にも関わる重要な課題を含んでいる。記紀神話では出雲が大和朝廷に服属するという立場を明確にして書かれているが、『出雲国風土記』では、そもそも記紀において皇室の祖先とされる天照大御神に関する記述が存在せず、また天孫系の神もほとんど登場し

てないという特徴がある。神話を通してみると『出雲国風土記』は、朝廷に提出する公文書という形式を踏まえてはいるものの、大和朝廷とは一線を画し出雲国の独立性を暗に主張しているとみることもできる。

さて、出雲大社が現在よりもはるかに壮大な建造物であったことは、出雲国造の子孫にあたる千家家に伝わる「金輪御造営差図」によって知られていたが、近年の出雲大社境内の発掘調査によって鎌倉時代の心御柱と宇豆柱が出土したことによって、考古学的にもそれが裏付けられた。それに基づいて作成された復元図をみると、本殿の高さが約四十八メートルに達する高層建造物であったことが分かる。このような壮大な出雲大社の社殿は、国造を中心とした出雲の文化的、政治的勢力の強大さを裏付けるものであろう。

ところで、杵築の社が出雲国の信仰や大和との関係を考える上で重要であるにも拘わらず、それが杵築の郷の項目に入れられているところに地誌としての風土記の特色が顕著に示されていると言えるだろう。この記事は、杵築に住む人々にとって天下所造らしし大神が、国家的、政治的存在である以前に自分たちの郷に鎮座している親しみ深い存在であったことを如実に物語っていると言えるだろう。そのような郷の目線を大切にしているところにこそ、記紀にはない風土記独自の価値がある。

◆「宇賀の郷の伝説」（出雲郡）

宇賀の郷。郡家（役所）の真北約九・一キロメートル（十七里二十五歩）。天の下をお造りになった大神の命が、神魂の命の御子である綾門日女の命に求婚された。そのとき、女神が拒絶して逃げ隠れられた時に、大神が〔居場所を〕こっそり尋ね求めた（陰ながら見守っていた）場所がこの郷なのだ。だから、宇賀といった。

さて、北の海の浜に磯がある。名は脳の磯という。高さ約三メートル（一丈）ほどである。磯の上の方に生えた松は、枝が繁って磯まで達している。〔その木の姿は〕まるで村人たちが朝夕行き来しているかのようであり、また木の枝はまるで人がよじ登ろうとして引いているかのように見える。磯から西の方にある岩窟は、高さ・広さはそれぞれ約一・八メートル（六尺）ほどである。岩窟の中に穴がある。人が入ることはできない。

奥行きがどのくらいあるのかは分からない。夢〔の中〕で、この磯の岩窟のあたりまで来る〔のを見る〕と、必ず死ぬという。だから土地の人は、昔からずっと、黄泉の坂・黄泉の穴と言っている。

❖宇賀の郷。郡家の正北一十七里二十五歩。天下所造らしし大神命、神魂命の御子、綾門日女命に誂へ坐しき。その時、女神肯はずて逃げ隠りし時、大神伺ひ求め給ひし所、これすなはち是の郷なり。故、宇賀と云ひき。即ち、北の海の浜に磯あり。名は脳の磯。高さ一丈許。上に生ふる松、芸りて磯に至る。邑人の朝夕に往来へるが如く、また、木の枝は人の攀ぢ引けるがごとし。磯より西の方の窟戸、高さ広さ各六尺許。窟の内に穴あり。人、入ることを得ず、深き浅きを知らず。夢に此の磯の窟の辺に至らば、必ず死ぬ。故、俗人古より今に至るまで、黄泉の坂、黄泉の穴と号ひき。

✻宇賀の郷は、現在の島根県出雲市国富町付近にあったと考えられる。求婚された女性が逃走して姿を隠し、それを男性が探し求めるというパターンは、求婚説話の中にしばしば出てくる。後に本書でも取り上げる『播磨国風土記』の「南毗都麻伝説」もその一つである。このような求婚と逃走を、神の嫁である巫女が人間との結婚に際して神から離れることを憚るという民俗を表現したとみる説がある（折口信夫）。

ところで、ここで注目したいのは宇賀の郷の地名起源ともなっている「伺ひ求め」という行動である。「うかがう」とは、相手に知られることなく密かに様子を探ることであり、このような行動は特に男女の恋愛に関しては、垣根の隙間から家の中をそっと見る「垣間見」という形を取って日本の神話や伝説にしばしば登場する。その中でもっとも有名なものは、光源氏が紫の上とはじめて出会ったことを語る『源氏物語』若紫の巻、北山での場面である。また『竹取物語』にも、かぐや姫を一目見ようとして竹取の翁宅に群がる貴族の垣間見が描かれている。さらに密かに女性の姿を窺うことは昔話「鶴女房」にもみられる。「鶴女房」では「見てはいけない」というタブーが課されて、その禁を破ったがために別離という結末が待っている。ここから推測されるように、人知れず相手の姿を窺うことは一種のタブーを犯すことでもあったと考えられる。それがタブーとなったのは「覗く」という行為が倫理的に許されないことであるのはもちろんであるが、もう一方で考えておく必要があるのは、貴い人を直接見ることは失礼にあたるという側面である。現代でも知人の家を訪問することを「お宅に伺う」と言うように、「伺う」は謙譲表現としても使われており、この言葉には相反する二つの価値的意味が認められるのである。そしてそれはさらに言えば「陰ながら見守る」というような、相手から一歩退いたところに身を置いて慕うという慎み深い振る舞いにもつながっていく。このように考えると、宇賀の郷の伝説も天下所造らしし大神命(大国主神)が、逃げていった綾門日女命を陰ながら見守っていたという物語として読み直すこともできるかもしれない。とするならば、この地名も「密かに様子を窺っていた」というような倫理に反する行為を由来とするのではなく、慎み深く「陰ながら見守っていた」場所であるという視点から解釈することも可能であろう。

ところで、天下所造らしし大神命(大国主神)が求婚した綾門日女命の親である神魂命は、『古事記』では、天の御中主の神、高御産巣日の神とともに天地初発の時に登場する造化三神の中の一柱の神(神名表記は「神産巣日の神」)であり、兄神たちによって殺された息子の大国主神を生き返らせるために、母神がこの神産巣日の神に助けを求めたことが記されている。この神話も風土記には出てこないが、神魂命と大国主神は出雲の代表的な神であり、両神はさまざまな形で関係を持っている。

また、この記事の後半に出てくる脳の磯の所在は確定していないが、その西にある岩窟が黄泉の坂・黄泉の穴だと伝えられていることも興味深い。『古事記』では、黄泉の国と葦原中国との境にある黄泉つひら坂を、出雲の伊賦夜坂であると記している。『古事記』とこの風土記の記述は、出雲が黄泉の国とつながる世界であるとする認識があったことを示していると言えるだろう。

◆「三津の郷の伝説」（仁多郡）

三津の郷。郡家（役所）から西南に約十三・四キロメートル（二十五里）。大神大穴持の命の御子、阿遅須伎高日子の命が、御鬚が〔拳の〕八握ほどにも長く伸びるまで、昼も夜も泣かれるばかりで、話すことができなかった。その時、〔我が子のことを心配した〕御祖の大神が、御子を船に乗せて連れ立って多くの島々をめぐって、心をなごませようとされたが、やはり泣き止むことはなかった。大神が夢のお告げを祈願されたことには、「御子が泣く理由をお教えください」といって、夢のお告げを祈願なさったところ、その夜の夢の中で、御子が口をきくようになったさまをご覧になった。そこで目覚めて御子に問い尋ねかけると、すかさず「御津」と〔はじめて〕申された。その時、〔大神が、〕「どこのことを〔指して〕そう言うのか」とお聞きになると、〔御子は〕すぐに御祖の前から立ち去って行かれ、石川を渡り、坂の上まで行って歩くのを止め、「ここだよ」と申された。その時、その津の水が〔こんこんと〕湧き出して、その水を浴びてお身体を清められた。そのようなわけで、国造が神吉事を奏上するため朝廷に出立する時に、その水が湧き出て、〔清めの水として〕使い始めたのだ。このようないきさつで、今でも妊婦はその村の稲を食べない。もし食べると、生まれた子は生まれながらにしてしゃべる。だから、三津と言った。

❖三津の郷。郡家の西南二十五里。大神大穴持命の御子、阿遅須伎高日子命、御須髪八握に生ふるまで、昼夜哭き坐して、辞通はざりき。その時、御祖命、御子を船に乗せて、八十嶋を率巡りて、宇良加志給へども、なほ哭くこと止まずありき。大神、夢に願ぎ給ひしく、「御子の哭く由を告らせ」と夢に願ぎ坐ししかば、その時、すなはち夜の夢に、御子辞通ふと見坐しき。すなはち寤めて問ひ給へば、その時、「御津」と申しき。その時、「何処を然云ふ」と問ひ給へば、すなはち、御祖の御前を立ち去り出で坐して、石川を度り、坂の上に至り留まり、「是処ぞ」と申したまひき。その時、その津の水活れ出でて、御身沐浴み坐しき。故、国造神吉事奏しに朝廷に参向ふ時、その水活れ出でて用ゐ初むるなり。これに依りて、今も産む婦、その村の稲を食はず。もし食ふ者あらば、生るる子已に云ふなり。故、三津と云ひき。

＊この三津の郷については、地名表記に未解決の問題が残されている。「三津」という表記は『出雲国風土記』の古い写本に出てくるものであるが、「三津」という表記は平安時代の『和名抄』の地名にも見当たらず、そこには「三澤」とある。この違いをどう考えればよいのか問題を残すが、この記事の中で、阿遅須伎高日子命が初めて言葉を発した「御津」を地名の由来と考えるならば、「三津」という地名は地名説話としては妥当であると考えられる。とするならば、ここは現実の地名よりも地名起源としての立場を優先させたとみることができるだろう。なお「三澤」がこの風土記でも本来の地名表記であったとするならば、ここは現在の島根県雲南市木次町付近の地域にあたる。

さて、大神大穴持命（大国主神）の御子である阿遅須伎高日子命が、鬚が長く伸びるくらいに成長したにも拘わらず、一日中泣いてばかりいて、しかもしゃべることができなかったという伝説は、『古事記』中巻に記された、垂仁天皇の皇子ホムチワケが胸先まで鬚が伸びるまで言葉を発しなかったという伝説と類似している。『古事記』では、その原因を占った結果、出雲大神の祟りであることが判明し、その祟りを鎮めるためにホムチワケの皇子が出雲大神を拝した結果、はじめて言葉を発するようになったと語られている。この二つの伝説の関係は不明であるが、あるいは二つの伝説のもととなったものとして、出雲大神の祟りに関する伝承が存在した可能性はあるだろう。また、『古事記』によれば、阿遅須伎高日子命は、大国主神と胸形の奥つ宮に鎮座するタキリビメとの間に生まれた神であると記されている。タキリビメは天照大御神と須佐之男命のウケヒ（言語呪術）によって生まれた神であり、須佐之男命の六世孫にあたる大国主神とタキリビメが結婚するということは、神話の上でのみ可能な出来事である。

次に、阿遅須伎高日子命がこの御津で沐浴したことが、出雲国造が神吉事を奏上するために朝廷に出向く際ここで身を清める由来となったという記述は、出雲と大和朝廷の関係を考える上でも注目される。神吉事とは『延喜式』祝詞に記されている「出雲国造神賀詞（かむよごと）」のことだと思われるが、これは出雲独自の神話に基づいて大和朝廷に変わらぬ協力をすることを語ったものである。

さて、最後に記されている「今も産む婦、その村の稲を食はず。もし食ふ者あらば、生るる子已に云ふなり」という後日譚も解釈上の問題がある。この伝説の主人公ともいえる阿遅須伎高日子命が、生まれてから鬚が伸びるまで「物を言わない」状態であったと語られていることを重視するならば、この結末においても「生まれた子が成長してもしゃべらない」と結ぶ方が伝説の後日譚として首尾一貫している。この伝説の解釈については、まだまだ多くの課題が残されている。

◆「目一鬼の伝説」（大原郡）

阿用の郷は、〔大原郡の〕郡家（役所）から東南に約七・一キロメートル（十三里八十歩）。古老が伝えて言うことには、昔、この郷にある山田を耕して田圃の世話をしている家族がいたという。ある時のこと、目が一つ〔しかない恐ろしい〕鬼が〔突然〕やって来て、何とそこの夫婦の息子を食べたという。

〔鬼が襲って来た〕その時、息子の父親と母親は竹原の中に逃げ込んで、〔息子が食べられるのをどうすることもできず見ているだけだった〕まさにその時、竹の葉がゆらゆら揺れ、その瞬間、鬼に食われている男が〔それを見て〕「ああ、揺れているよ（あよあよ）」と〔断末魔の〕声を上げたという。こういうわけで、ここを阿欲と呼ぶようになった、ということだ。

❖阿用の郷。郡家の東南一十三里八十歩。古老の伝へて云はく、昔、ある人、ここに山田を佃りて守りき。その時、目一つの鬼来て、佃人の男を食ひき。その時、男の父母、竹原の中に隠りてをる時、竹の葉動きき。その時、食はるる男、「動々」と云ひき。故、阿欲と云ひき。

✻阿用の郷は、現在の島根県雲南市大東町のあたり。この伝説は、山田を耕しそこを管理していた家族を襲った突然の事件がきっかけとなって「阿用」という名が付いたことを語る地名起源説話である。この伝説のポイントは三つある。まず、これが山の田を耕作し管理していた住人の話であること。次に、鬼がやって来て男を食べること。そして、男の両親が竹原の中に隠れて難を逃れていることである。

ポイントの一つ目である山の田の耕作については、古代の稲作と民俗に注目する必要がある。古代では、低地よりも高所で水田耕作することが多かったようで、『万葉集』にもそのような山田を題材とした歌が残されている。たとえば、巻十には、

あしひきの　山の常陰に　鳴く鹿の　声聞かすやも　山田守らす児

（巻十・二一五六番）

という歌がある。ここに出てくる「山田守らす児」とは、猪や鹿などから稲を守る番人のこと。今でもしばしば作物を荒らす動物のことがニュースで話題になるように、古代の山田でも鹿や猪などによる被害が多かったことは容易に想像できる。害獣を駆除する方法が現代ほど進化していなかった古代では、作物を守ることは重要な仕事の一つだったと考えられる。『出雲国風土記』の伝承では、耕作した水田を夫婦とその息子が管理していたのであり、鬼に襲われた息子は、その時、運悪く山田を守る番に当たっていたのだろう。

次に、鬼がやってきてこの息子を食べるという出来事を考える時、その舞台となったのが山田という、村里と山を区切る中間地帯であったことに注意する必要がある。民俗学や文化人類学の立場から見ると、山は死者やあるいは異類の世界であり人間が容易に足を踏み入れてはいけない場所であった。山田はそのような山と、人間が住まう平地の間に位置していたのである。このような中間領域もしくは境界は、人と異類が出会うところでもあり、そこで男は鬼と出会ったのである。

この伝説に登場する「鬼」は、現代の私たちに馴染み深い角を生やした赤鬼や青鬼ではなく、山中に住んでいると信じられていた恐ろしい神霊的な何者かであろう。山にまつわる昔話では、人間の子どもを攫って食べる山姥・山婆などの妖怪の話が多く残されている。「目一つの鬼」については、これまで柳田国男の「一つ目小僧」論によって解釈されることが多かったが、近年の研究では、漢籍の知識に基づいた記述である可能性や『播磨国風土記』に登場する「天目一命」系統の神である可能性が指摘されている（内田賢徳）。また、食べられた男の両親が竹原に隠れて難を逃れたことについては、竹林が聖なる空間であった記憶が伝承の中に留められたという説がある（内田賢徳）。竹林が生命を育む場所でもあることは、『竹取物語』かぐや姫のエピソードを思い起こせば納得できる。両親が逃げ込んだのは、まさに命を守ってくれる場所であった訳である。

　ところで両親は、自分たちだけが竹原に逃げ込み、食べられていく息子を見ているのである。残酷で薄情とも言えるこの展開は、どうやらこの伝説に限ったことではないようである。たとえば、『古事記』の八岐大蛇神話でも、毎年犠牲となったのは出雲の国神アシナヅチ・テナヅチの娘であり、人身御供に選ばれるのは、若い男女であることが多いようである。これは、民俗学や宗教学の立場から考えても興味深い問題だといえるだろう。このように、大原郡の伝説は、短い話ではあるがまだまだ解き明かされていない問題を多く含んでいる。

◆「海潮の郷の伝説」（大原郡）

海潮の郷。郡家（役所）の真東約八・六キロメートル（十六里三十三歩）。古老が伝えて言うことには、宇能治比古の命が、御祖の須義祢の命を恨んで、北の出雲の海水を〔山のように〕押し上げて、御祖の神を漂流させたが、その海水がここまで遡ってきた。そのようなわけで得塩といった。〔神亀三年、字を海潮と改めた。〕ここの東北の須我の小川の湯淵の村の川の中に温泉がある。〔特に名はない。〕同じ川の上流の毛間の村の川の中にも温泉が出る。〔特に名はない。〕

❖海潮の郷。郡家の正東一十六里三十三歩。古老の伝へて云はく、宇能治比古命、御祖須義祢命を恨みて、北の方、出雲の海潮を押し上げて、御祖の神を漂はすに、この海潮至りき。故、得塩と云ひき。〔神亀三年、字を海潮と改む。〕すなはち、東北の須我の小川の湯淵の村の川の中に温泉あり。〔号を用ゐず。〕同じき川の上の毛間の村の川の中に温泉出づ。〔号を用ゐず。〕

✽海潮の郷は、現在の島根県雲南市大東町の北部一帯に当たる地域であり、この風土記の中で入海と呼ばれている中海や宍道湖から離れた内陸部にあたる。もちろん日本海からもさらに遠く離れており、これまでは「宇能治比古命、御祖須義祢命を恨みて、北の方、出雲の海潮を押し上げて、御祖の神を漂はすに、この海潮至りき」と語るような海潮の遡上は、神話的フィクションだと考えられてきた。

しかしながら、このような考え方を一変させたのが二〇一一年三月十一日に東日本を襲った巨大地震と津波である。古代の文献資料にも地震や津波の記事が残されているが、その中で『日本書紀』巻第二十九天武天皇十三年（六八四年）十月条に記された大地震の記録は見過ごすことができない。「白鳳大地震」とも呼ばれるこの時の地震では、とくに四国地方に大きな被害があったと記されており、土佐国（高知県）では田畑約一千町（約一二〇〇ヘクタール）が津波によって水没したとある。これは、今後三十年間に高い確率で発生することが懸念されている南海トラフ巨大地震と同じタイプの地震であった可能性が高いとみられる。このような地震に関する記録に注目するならば、かつて出雲地方が内陸部にまで津波が押し寄せるような巨大地震に襲われたと想定することは否定しきれないだろう。海潮の郷が属する大原郡を流れる川は、すべて斐伊川に合流して宍道湖に流れ込んでいる。宍道湖に及んだ津波が斐伊川を遡ったことがあったと考えると、内陸部である海潮の郷にもその影響と被害があった可能性はあるだろう。海潮の郷の伝説もあながち荒唐無稽とは言えないようになってきた。

これ以外の天武天皇時代の地震に関しては、後で取り上げる『豊後国風土記』「五馬山伝説」にも残されている。詳しくはそこであらためて解説するが、この地震記事も『日本書紀』に記されており史実であることは疑いないと思われる。そのような視点から、これらの伝説を読み直すならば、自然災害の記憶を留めた貴重な記録であるとみることができ、そこに風土記研究の新たな可能性を見出すことができる。

第三章　播磨国風土記（はりまのくにふどき）

加古川河口付近

『播磨国風土記』は、現存する風土記の中では最も早くに出来上がった可能性が高く、霊亀三年（七一七年）以前に成立していたと考えられる。編者は未詳である。和銅六年（七一三年）に下された官命の報告項目の中に、土壌の肥沃状態に関するものがある。この項目に関して現存風土記の中で最も詳しい記述を残しているのがこの風土記であり、各郡の各里の土壌を、上・中・下の三ランクに分け、さらに「上の上」「上の中」「上の下」という下位ランクを設定し、「下の下」まで合計九ランクに分けて記録している。これは古代律令制の班田収授に深く関係する可能性もあるが、この風土記には「国占め」や「水争い」など、開墾や農耕に関する伝説が多く残されており、稲作と共に生きた人々の記憶とも深く結びついているように感じられる。本書では、そのような土地の歴史と深く結びついた神々の争いに関する伝承を中心として取り上げた。

◈「賀古郡地名起源」（賀古郡、播磨国風土記冒頭記事）

四方を遠く見渡して、「この国土は、丘と原と野とがとても広大で、この丘を見るとまるで鹿の子のようだ」と言われた。それで名づけて賀古の郡といった。狩の時、鹿がこの丘に走り登って鳴いた。その声は「ひひ（ピー）」（と聞こえた）。それで日岡と名づけた。

❖四方を望み覧て云ひたまひしく、「この土は、丘と原と野といと広大くして、この丘を見れば鹿児のごとし」といひたまひき。故、名づけて賀古の郡と曰ひき。狩の時、一鹿、この丘に走り登りて鳴きき。その声比々。故、日岡と号けき。

✲播磨国は、現在の日本海側を除く兵庫県にほぼ相当する。この記事は、『播磨国風土記』最古の写本である三条西家本の冒頭に残されている伝説である。巻子本として伝来した三条西家本は、本来冒頭にあるべき記事が切断されてしまっている。つまりこの冒頭記事は、切断された後の部分から始まっているのであり、この前には赤石郡(あかしのこおり)の記事が存在したはずである。切断される以前に赤石郡の記事があったことは逸文として赤石郡の伝説が残されていることからも証せられる。

さて、この記事は賀古(かこ)郡と日岡(ひおか)の二つの地名起源を語るものである。日岡は現在の兵庫県加古川(かこがわし)市加古川町大野(おおの)がそれにあたるとされている。「四方を望み覧(み)て云ひたまひしく」という記述より前の部分が切断されてしまったため、当然そこに記述されていたはずの四方を望み見た人物を特定することができない。この風土記に残る巡行伝説の他の例から考えて、景行(けいこう)天皇あるいは応神(おうじん)天皇が、ここで国見した記事ではなかったかと思われる。

さて二つの地名起源はいずれも鹿が命名の由来となっている。鹿の子の姿に因(ちな)んで賀古と名づけたという郡名の伝説は分かりやすいが、鹿が「比々（ヒヒ）」と鳴いたことによって「日岡」と名づけたとするもう一つの地名起源に関してはやや分かりにくい。ここで問題となるのが古代日本語の発音である。日本語のハ行音は、言語学的にさかのぼるとP音であったと言われており（上田万年(うえだかずとし)）、この地名起源となった「比々」は、具体的な発音としては「ピー」という長音を記したのではないかと考えられる。それが地名の由来とされているのであるが、この記事を無条件に信じる訳にはゆかない。そもそも地名起源伝説は付会がほとんどであり、これも地名起源の再解釈と考えるべきであろう。

◆「南毗都麻伝説」（賀古郡）

この岡に比礼墓がある。〔鎮座している神は、大御津歯命の子、伊波都比古命である。〕

褶墓と名づけた理由は、〔次のような言い伝えがあるからだ。〕

昔、景行天皇（大帯日子命）が、印南の別嬢に求婚なさった時、腰に帯びられた八咫の剣の上の紐に八咫の勾玉を、下の紐に麻布都の鏡を繋けて、賀毛の郡の山直たちの始祖である息長命〔別名、伊志治〕を媒酌として求婚に下ってこられた時、摂津の国の高瀬の済にお着きになり、「この河を渡りたいと思う」と請われた。渡し守である紀伊の国人の小玉が、「私を天皇の贄人とするのですか」と申し上げた。その時、「朕君よ、〔確かに〕そうだけれども渡してくれまいか」と言われた。渡し守が答え、「どうしても渡りたいとお思いになるなら、渡し賃をください」と言った。そこで、旅の用意としていた弟縵を取って、舟の中に投げ入れなさると、縵の光明が舟に満ちた。渡し守は、賃を得たのでお渡しした。それで、朕君の済といった。

やっと赤石の郡の断御井にお着きになり、お食事を〔土地の〕神に奉られた。そこで、断御井と言った。その時、印南の別嬢は、聞き驚き畏れ多く思って、南毗都麻の島に逃げ渡った。そこで天皇は賀古の松原にやってきて捜し求められた。すると白い犬が海に向かって長鳴きをした。天皇が、問うて「これは誰の犬か」と言われた。須受武良の首が答えて、「これは、別嬢が飼っている犬です」と申した。天皇は、「よくぞ告げ教えてくれたものだ」と言われた。そこで、〔須受武良の首をあらためて〕告の首と名づけた。天皇はこの小島におられるのをお知りになり、渡りたいと思われ、阿閇津に到り、神にお食事を奉られた。そこで、阿閇の村と名づけた。また、入江の魚を捕まえて、御坏物とされた。そこで、御坏江と名づけた。また、舟にお乗りになった所に、椯で榭の津をお作りになった。

やっと渡って別嬢とお会いになり、「この島は隠愛妻だ」と言われた。だから南毗都麻と名づけた。

さて、御舟と別嬢の舟をともにつなぎあわせて渡った。船頭の伊志治にそういうわけで名を大中伊志治と名づけた。印南の六継の村に帰り着かれて、はじめて睦まじく語らいをなさった。それで、六継の村といった。天皇は、「ここは、浪の音、鳥の声がとてもやかましい」とおっしゃって、南の高宮にお遷りになった。だから、高宮の村といった。この時、酒殿を造った所は、酒屋の村と名づけ、贄殿を造った所は、贄田の村と名づけ、宮を造った所は、舘の村と名づけた。また、城の宮田の村に遷られてはじめてご結婚された。その後、別嬢の床掃えに奉仕していた出雲の臣比須良比売を、息長命に娶らせた。その墓は賀古の駅の西にある。

時が過ぎて、別嬢がこの宮で薨去された。墓を日岡に作って葬った。その屍を掲げ持って印南川を渡った時、強いつむじ風が川下から起こってきて、その屍を川中に巻き込み、屍を捜したけれども見つからなかった。ただ、匣と褶とが見つかっただけだった。この二つの物を、その墓に葬った。それで、褶墓と名づけた。ここで天皇が恋い悲しんで誓って「この川の物は食べない」と言われた。こういうわけで、この川の鮎は、天皇のお食事には進上しない。その後、御病気になられて、「薬がほしい」と言われた。宮を賀古の松原に作ってお還りになった。ある人が、ここに清水を掘り出した。それで、松原の御井といった。

❖この岡に比礼墓あり。〔坐す神は、大御津歯命のみ子、伊波都比古命なり。〕褶墓と号けし所以は、昔、大帯日子命、印南の別嬢を誂ひたまひし時、御佩刀の八咫の剣の上結に八咫の勾玉、下結に麻布都の鏡を繋け、賀毛の郡の山直等が始祖、息長命〔一名は、伊志治〕を媒として誂ひ下り行でまし時、摂津の国の高瀬の済に到りまして、「この河を度らまく欲りす」と請はしたまひき。度子、紀伊の国人小玉申して曰はく、「我、天皇の贄人となすか」といひき。その時、勅して云ひたまひしく、「朕公、然あれどもなほ度せ」といひたまひき。度子、対へて曰はく、「度らまく欲りしたまはば、度の賃を賜ふべし」といひき。是に、道行の儲と為し弟縵を取りて、舟の中に投げ入れたまへば、縵の光明、炳然に舟に満ちき。度子、賃を得て、度しまつりき。故、朕君の済といひき。

つひに赤石の郡 廝の御井に到りて、御食を供進りたまひき。故、廝の御井と曰ひき。その時、印南の別嬢、聞きて驚き畏まり、南毗都麻の嶋に遁げ度りき。ここに、天皇、賀古の松原に到りて、覓ぎ訪ひたまひき。ここに、白き犬、海に向きて長く吠えき。天皇、問ひて云ひたまひしく、「こは誰が犬ぞ」といひたまひき。須受武良の首、対へて曰さく、「こは、別嬢が養へる犬ぞ」とまをしき。天皇、勅して云ひたまひしく、「好く告げつるかも」といひたまひき。故、告の首と号けき。

天皇、この少嶋に在すを知りたまひ、度らまく欲りし、阿閇津に到り、御食を供進りたまひき。故、阿閇の村と号けき。又、江の魚を捕らへて、御坏物と為したまひき。故、御坏江と号けき。又、舟に乗りたまひし処に、楉を以て樹の津を作りたまひき。つひに度りて相遇ひたまひ、勅して云ひたまひしく、「この嶋は隠愛妻ぞ」といひたまひき。仍りて南毗都麻と号けき。

ここに、御舟と別嬢の舟とを同に編合みて渡りき。梜杪伊志治、しかして、名を大中伊志治と号けき。印南の六継の村に還り到りて、始めて密事を成したまひき。故、六継の村と曰ひき。勅して云ひたまひしく「ここは、浪の響鳥の声それ譁し」といひたまひ、南のかた高宮に遷りたまひき。故、高宮の村と曰ひき。この時、酒殿を造りし処は、酒屋の村と号け、贄殿を造りし処は、贄田の村と号け、宮を造りし処は、舘の村と号けき。又、城の宮田の村に遷り、始めて昏を成したまひき。以後、別嬢の床掃へ仕奉れりし、出雲の臣、比須良比売を、息長命に給ひき。墓は賀古の駅の西にあり。

年ありて、別嬢、この宮に薨りましき。墓を日岡に作りて葬りたまひき。その尸を挙げて印南川を度りし時、大き飄、川下より来りて、その尸を川の中に纏き入れ、求むれども得ず。ただ、匣と褶とを得しのみ。この二の物を以て、その墓に葬りき。故、褶墓と号けき。ここに、天皇、恋ひ悲しび誓ひて云ひたまひしく、「この川の物を食はじ」といひたまひき。これに由りて、その川の年魚、御贄に進らず。後、御病を得て、勅して云ひたまひしく、「薬はや」といひたまひき。宮を賀古の松原に造りて還りたまひき。或る人、ここに冷水を掘り出だしき。故、松原の御井と曰ひき。

＊これは、前項の「日岡」にある「比礼墓」の由来を語るものであり、景行天皇の求婚伝説である。景行天皇が印南の別嬢に求婚した時、別嬢が逃げていくという内容は、『出雲国風土記』「宇賀の郷」でも見た通り、しばしば見られる逃走型の求婚伝説の一つである。

さて、この印南の別嬢伝説の面白さは、天皇が別嬢を捜し求めて行く先々、両者が出会って後、正式な結婚を果たす過程を、リズミカルな地名起源の形で表現しているところにある。その過程をみていくと、

〔出会う以前〕　廝の御井→阿閇の村→御坏江→南毗都麻

〔出会って以後〕　六継の村→高宮→酒屋の村→贄田の村→舘の村

とあり、出会う前は食事とその儀礼を、出会って後は新婚の居所に関連する儀礼を地名説話として語っているような印象があり、テンポの良い文章は口承伝承の面影を残しているように感じられる。

次に、婚姻に関する具体的な習俗が記されていることが注目される。たとえば、景行天皇が求婚に出かけるに際して「御佩刀(みはかし)の八咫の剣の上結に八咫の勾玉、下結に麻布都の鏡繋(か)け」て下っていくのは、婚姻に際しての儀礼的な意味合いがあると考えられる。またその際に、山直(やまのあたい)等の始祖である息長命(おきながのみこと)を仲立ち（媒）としていることは、後世の仲人(なこうど)にあたる役割がすでに存在したことを物語っているようにも考えられる。このような仲立ちについては、たとえば『古事記(こじき)』にも、安康(あんこう)天皇が大長谷皇子(おおはつせのみこ)（のちの雄略(ゆうりゃく)天皇）のために、根臣(ねのおみ)を間に立てて若日下王(わかくさかのひめみこ)のもとに赴かせ（物語では兄の大日下王(おおくさかのみこ)の所に赴く）結婚の意思を確認するという求婚伝説が残されており、両者の間に入ったものが使者として女性の側に赴くという婚姻形態が実際に存在したことが背景にあるように思われる。

ところで、この伝承の導入にあたる摂津(せっつ)国高瀬(たかせ)の済(わたり)のエピソードでは、乗船とその代価をめぐって景行天皇と渡し守（船頭）紀伊(きい)の国人小玉(おたま)との間で繰り広げられている駆け引きの果てに、その船着き場が天皇の発言に基づいて「朕君(あぎ)の済」と名づけられたと語られている。これについて、もともとは乗船の取引に関連して命名された地名で、本来は「商(あき)の済」であっただろうとする説がある（佐竹昭広(さたけあきひろ)）。この説によれば、地名起源伝説には、本来の由来が忘れられたとき新たな解釈が付け加えられるという特徴があったと考えることができるだろう。そしてそれは、地名伝説に限らず、絶えず新しい解釈が付け加えられていくという、伝説が持っている本来的な特徴でもある。

◈「阿菩大神伝説」（揖保郡）

出雲の国の阿菩大神が大倭の国の畝火・香山・耳梨の三山が互いに闘っているとお聞きになった。そこで諌め止めようと思われて、〔出雲の国から〕上って来られた時、ここに到って、闘いが鎮まったとお聞きになって、〔やれやれと思い〕その乗っていた船を覆せて鎮座した。だから、神丘と名づけた。丘の形は、〔船が〕覆ったのに似ている。

❖出雲の国の阿菩大神、大倭の国の畝火、香山、耳梨の三つの山、相ひ闘ふと聞きたまふ。ここに諌め止めむと欲して、上り来ましし時、此処に到りて、闘ひ止みぬと聞きたまひて、その乗れる船を覆せて坐しき。故、神阜と号けき。阜の形、覆せたるに似たり。

✲この伝説で語られている神丘の所在は不明である。さて、ここに出てくる畝火、香山、耳梨は大和三山としてよく知られた山々であり、それらが争ったというこの伝説を読んで、真っ先に頭に思い浮かぶのは、『万葉集』巻一に収められている中大兄皇子の「三山歌」である。

香具山は　畝傍ををしと　耳梨と　相争ひき　神代より　かくにあるらし　古も
然にあれこそ　うつせみも　妻を争ふらしき　（巻一・十三番）

反歌

香具山と　耳梨山と　あひし時　立ちて見に来し　印南国原　（巻一・十四番）
わたつみの　豊旗雲に　入日見し　今夜の月夜　さやけかりこそ　（巻一・十五番）

これは、畝傍山、香具山、耳成山が、妻をめぐって争ったという伝説を歌にしたものであるが、長歌と二首の反歌の解釈については決着がついていない問題がいくつかある。例えば、妻争いをした三山の性別について、二男一女か二女一男で説が分かれている。さらに、その性別決定に深く関わる長歌第二句目「畝傍ををしと」の「ををしと」の解釈も「雄々し」と「を惜し」の二つの説に分かれている。また、第二反歌の第三句目「入日見し」の本文校訂と解釈にも問題が残されている。この三山歌には右にみたような問題だけでなく、第一反歌の解釈をめぐって『播磨国風土記』の阿菩大神伝説が大きな影響を与えてきた。

第一反歌の第四句・第五句「立ちて見に来し　印南国原」を素直に解釈すれば、印南国原が立って見に来たということになる。しかしこれはいかにも不自然な解釈であり、そこで援用されたのが三山の争いを仲裁するために阿菩大神が出雲国からやってきたというこの伝説であった。これを最初に提唱したのは江戸時代の国学者契沖である。これに拠るならば、立って見に来たのは阿菩大神ということになり、国が立ち上がって見に来たと解釈する不自然さは解消されるので、近代の注釈書はほどんどこの説に依ってきた。しかしながら、『播磨国風土記』では、阿菩大神がやってきた場所が印南国原であったとは語られていない。また「仲裁」と「見る」ことは、まったく別であるとする説があり（植垣節也）、三山歌の解釈に安易な形で風土記の伝説を採り入れることには慎重さが求められる。

そこで『万葉集』の三山歌と『播磨国風土記』の阿菩大神伝説をあらためて見ていくと、三山歌が妻争いに焦点をあてた内容になっているのに対して、風土記の所伝は阿菩大神の鎮座由来を語るところに主眼があるという違いに気がつく。同じ三山の伝説を土台にしていると考えてみても、両者の関心のあり方と視点は異なっているのである。それゆえ、風土記の伝説の都合のいい部分を切り取って『万葉集』の解釈に利用することは控えたほうがよいのではなかろうか。三山の争いが収まったことを知った阿菩大神が安心してこの神丘に鎮座したことを語るのがこの伝説であり、風土記としてはそれで十分であった。

◆「佐比岡伝説」(揖保郡)

佐比岡。佐比と名づけた理由は、〔次のような言い伝えがあるからだ。〕出雲の大神が、この付近にある神尾山に鎮座していた。この神は、出雲の住人たちがここを通り過ぎようとすると、〔その中の〕十人のうち五人の行く手を阻み、〔また〕五人のうち三人の行く手を阻んで〔通らせず、通行の邪魔をした〕。〔そこで困り果てた〕出雲の住人たちが鋤(佐比)を作ってこの岡を祭ったが、それでも〔出雲の大神の〕心が穏やかになり〔住人たちの願いが〕受け入れられることはな〔く、やはり半数の人は無事に通過することができな〕かった。

こんなことになったわけは、男神がまず先にここに来て、その後から女神が来た〔からだ。先に来た〕男神はここで鎮まることができなくて〔一人で〕去って行かれた〔のだが〕、そのことが女神に怨み〔の気持ちを芽生えさせ〕怒らせてしまった。〔このようなことがあった〕後に、河内の国茨田の郡枚方の里の漢人がやってきてこの山のあたりに住み、〔残された女神を〕お慕いして〔懇ろに〕お祭りをした。〔そのおかげで、女神を〕やっとのことで穏やかに鎮めることができた。この神が鎮座しているのにちなんで神尾山と言われるようになった。また、〔出雲の住人たちが〕鋤を作って祭った所を、佐比岡と名づけた。

❖佐比岡。佐比と名けし故は、出雲の大神、神尾山に在しき。この神、出雲の国人、ここを過ぐれば、十人の中五人を留め、五人の中三人を留めたまひき。かれ、出雲の国人等、佐比を作りてこの岡に祭りしに、つひに和ひ受けたまはざりき。しかる所以は、比古神先に来まして、比売神後に来ましき。この男神鎮まることあたはずして、行き去りたまひぬ。所以に、女神怨み怒りますなり。しかして後に、河内の国茨田の郡枚方の里の漢人、来至りてこの山の辺に居りて、敬ひ祭りき。わづかに和ひ鎮むることを得たり。この神在すに因て、名けて神尾山と曰ひき。また、

佐比を作りて祭りし処を、佐比岡と名けき。

✲この伝説に登場する佐比岡は現在の兵庫県太子町の佐用岡と考えられている。これは交通を妨害する荒々しい神の伝説であり、後に紹介する『肥前国風土記』の「姫社郷の伝説」もこのタイプである。

さて、この伝説では揖保郡枚方里の記事に含まれている神尾山に鎮座していた出雲の大神が、ここを通過する出雲の国人の十人のうち五人を留め、五人のうち三人を留めて通過させなかったというのである。逆にいうと、半数の通行人は無事に通過できているのであり、そこにこの伝説の問題がある。このような通行する人を妨害する伝説の中には、半数を生かし半数を殺すというような恐ろしい内容もある。

人々の交通を妨げるこのような神を考える上で注目されるのが、村の入り口や、道の分岐点である岐などで祀られている神である。村の入り口に祀られている神は、道祖神あるいは塞の神と呼ばれ、悪い神や霊が侵入しないように村を守ってくれる神である。また、分かれ道（岐）には岐神が祀られ、通行する人が無事に通過できることを祈って、その神に手向けをする信仰もあった。道祖神や岐神は、男女陰陽の形をした自然石によって表されることが多く、道端に置かれたその石を拝むのが習わしであったようである。これらの神がいる場所は文化人類学などで「境界」と呼ばれる空間であり、日常世界と非日常世界が交わる危険な場所であると考えられていた。そのような観点からこの伝説を読むならば、村の守り神としては、外部からの侵入者である旅人を排除することが重要であり、それが半数の旅人を通らせないことにつながると考えられる。半面、そこを通過する旅人にとっては安全な交通を祈願する神であり、それが半数の人が無事に通過できたことにつながるのであろう。同じ神にみられるこのような二つの側面は相反するものであると言わざるを得ないが、交通を妨害する神はそのような相反する両義的な性格をもっていたと考えられるのである。

この伝説を、右に説明したような道祖神や岐神の信仰と深い関係があるとするならば、ここに出てくる「神尾山」に関して「神尾」とは、人々の往来を妨げる地形に基づいた地名であり、神尾山の出雲の大神は、交通の要衝に鎮座する神であったとする説（井手至）は従うべき見解である。それを踏まえて考えると、神を鎮めるために「佐比」を作って祀ったとあるのも示唆的である。この「さひ」は、農具の鋤だと考えられているが、「塞の神」の「さへ」との関係を考えた場合、鋤を男根に見立てて祀ったのではないだろうか。なお、この神尾山の所在については現在の兵庫県太子町の佐用岡付近の山と推定する説がある。

ところで興味深いのは、ここに鎮座している出雲の大神について、最初、比古神（ひこがみ）（男神）がやって来たが、鎮まることができずに去って行き、後から来た比売神（ひめがみ）（女神）の怒りが収まらなかったことが、交通妨害の原因になっていることである。男女二神の争いに関する伝説は、たとえば揖保郡美奈志川（みなしがわ）の記事にもあり、その中でも女神の激しい気性が語られている。このような男女神の争いに関する伝承は、古代の信仰や民俗を考える上で興味深いがまだ十分に解明されていない。

なお、この女神が最終的に河内国（かわち）茨田郡（まんだ）枚方（ひらかた）の里の漢人（あやひと）の祭りによって辛うじて鎮まったとあることにも注意すべきであろう。漢人とは中国や朝鮮半島からやって来た渡来人であると思われる。『播磨国風土記』には渡来人にまつわる伝承が多く残されており、渡来人と信仰の関係を考える上でも、この伝説は重要である。

◆「粒丘の伝説」（揖保郡）

粒丘。粒丘と名づけた理由は、〔次のような言い伝えがあるからだ。〕天日槍命が、韓国から渡って来て、宇頭川の下流に到って、宿る所を葦原志挙乎命にお願いして、「あなたは国主です。私は宿る所を求めています」と言った。そこで志挙は海中に宿ることを許した。その時、貴神は、剣で海水をかき混ぜて宿られた。主の神は貴神の活発な振る舞いを畏れて、先に国を占有しようと思って、巡り上り粒丘に着いて食事された。この時、口から米粒が落ちた。だから、粒丘と名づけた。

❖粒丘。粒丘と号けし所以は、天日槍命、韓国より度り来て、宇頭の川底に到りて、宿処を葦原志挙乎命に乞ひて曰ひしく、「汝は国主たり。吾が宿らむ処を得まく欲ふ」といひき。志挙、海中を許しき。その時、客神、剱を以て海水を攪きて宿りたまひき。主の神、客神の盛なる行を畏みて、先に国を占めむと欲ひて、巡り上りて粒丘に到りて湌したまふ。ここに、口より粒落ちき。故、粒丘と号けき。

✿粒丘とは、現在の兵庫県たつの市揖保町揖保上付近のナカジン山だとされている。

さて、ここに登場する天日槍命は伝説でも語られているように韓国から渡来してきた神である。この神については、記紀にも登場し、『古事記』中巻応神天皇条に記されている新羅の王子である天之日矛渡来伝説は注目される。それによると、天之日矛は逃げた妻を追いかけて難波に行こうとしたものの、渡りの神に妨害されたため引き返して、あらためて但馬国に上陸し、そこで但馬の女性と結婚したとある。そしてその子孫には、応神天皇の母である神功皇后の御祖、葛城の高額比売がいる。つまり天之日矛は我が国の歴史とも深く関わる存在なのである。この伝説は『播磨国風土記』には見えず、また天日槍命が神として語られているところに違いがある。

ところで粒丘の地名起源について、この伝説では、葦原志挙乎命の口から米粒がこぼれ落ちたからだと説明されている。これは話の流れからすると唐突な印象を受けるが、『播磨国風土記』には、戦いと稲作の関係を思わせる伝説が他にもある。現代の我々には分かりづらいところがあるが、古代においては戦いの場面で食事を語ることに何か大切な意味があったのかもしれない。

さて、『播磨国風土記』に記された天日槍命伝説の特徴は、葦原志挙乎命や伊和大神などの我が国土着の神と国の占有を巡って争っていることを語るものが少なからず存在することである。その戦いがかなり激しいものであったことは、神前郡八千軍野の地名起源に関して、天日槍命の軍勢が八千いたからだと伝えているところからも推察される。この伝説がどれほど史実を反映したものであるかは分からないが、渡来系の神や氏族に関する伝説の背景には、土地の占有をめぐって在地の人々と対立していた歴史があったのではないかと想像される。しかし、やがて渡来系の神や氏族と在地の神や人々が和解し、その土地で共存融和した歴史があったことも風土記に残された伝説から読み取ることができる。再三にわたって述べてきたように、地方の歴史をめぐる具体的な伝説は記紀には残されておらず、国家レベルではない古代の地方の伝説が残されているところに風土記の価値がある。もし風土記が残されていなかったならば、私たちが知ることができる古代の歴史はもっと平板なものでしかなかったであろう。

◆「聖岡の里伝説」（神前郡）

聖岡の里〔生野、大内川、湯川、粟鹿、波自加の村〕。土地の肥沃の度合いは〔最低ランクの〕下の下である。聖岡と名づけた理由は、〔次のような言い伝えがあるからだ。〕

昔、大汝命は小比古尼命と争って、「粘土の荷をかついで遠く行くのと、用便をせずに遠く行くのと、この二つの事では、どちらがよく〔我慢〕できるだろうか」と言われた。大汝命は、「私は用便を我慢して行こうと思う」とおっしゃった。〔それに対して〕小比古尼命は、「私は粘土の荷を持って行こうと思う」とおっしゃった。このようにして、競争して行かれた。数日経って、大汝命は、「私はもう我慢して歩くことができない」と言われ、すぐにしゃがんで用便をされた。その時、小比古尼命が笑って、「そうだ苦しい」と言われて、また小比古尼命も、その粘土をこの岡に投げすてられた。それで、堲岡と名づけた。また、用便された時、笹がその屎を弾き上げて、衣にはねた。だから、波自賀の村と名づけた。その粘土と屎とが石となって、今も残っている。ある人が言うには、「応神天皇（品太天皇）が巡行された時、宮をこの岡にお造りになって、『この土地は粘土ばかりだなあ』と言われた」と言う。それで、堲岡といったと言い伝えている。

❖堲岡の里〈生野、大内川、湯川、粟鹿、波自加の村〉。土は下の下。堲岡と号けし所以は、昔、大汝命、小比古尼命と、相争ひて云ひたまひしく、「堲の荷を担ひて遠く行くと、屎下らずして遠く行くと、この二つの事、何れかよく為む」といひたまひき。大汝命曰ひたまはく、「我は屎下らずして行かむと欲ふ」といひたまふ。小比古尼命曰ひたまはく、「我は、堲の荷を持ちて行かむと欲ふ」といひたまひき。如是、相争ひて行きたまひき。数日逕て、大汝命云ひたまはく、「我は忍び行きあへず」といひたまふ。すなはち坐て屎下りたまひき。その時、小比古尼命咲ひて曰ひたまはく、「然、苦し」といひたまひて、また、その堲をこの岡に擲げうちたまひき。故、堲岡と号けき。また、屎下りたまひし時、小竹、その屎を弾き上げて、衣に行ねき。故、波自賀の村と号けき。その堲と屎と石と成りて、今に亡せず。一家云はく、「品太天皇、巡り行でましし時、宮をこの岡に造りたまひて、勅して云ひたまひしく、『この土は堲たるのみ』といひたまひき」といふ。故、堲岡と曰ひき。

✽ここに出てくる堲岡の里は、現在の兵庫県神崎郡神河町と朝来市のあたりとされている。これは、大汝命と小比古尼命の我慢比べを語ったものである。この二神は、『古事記』に大国主神（亦の名としてオホアナムヂノカミとあり、大汝命は大国主神の別名）が、スクナヒコナノカミの協力を得て国作りをする神話があるようにしばしばペアで登場する。また『万葉集』にも、

大汝　少彦名の　いましけむ　志都の岩屋は　幾代経ぬらむ（巻三・三五五番）

をはじめとする歌がいくつか残されており、この二神がペアであるとする理解が広く浸透していたことが分かる。

さて、用便を我慢する大汝命と重い粘土を背負い続ける小比古尼命の我慢比べは小比古尼命に軍配が上がった。このユーモラスな伝説の背景には、重い粘土を背負う苦しみを知る庶民の誇らかな感情があるとする説（植垣節也）がある。これについては別な面から見ることもできる。『古事記』に記された国作り神話の中では、スクナヒコナノカミは神産巣日神の指の間から生まれてきたと語られている。つまりスクナヒコナノカミはいわゆる小さ子であった。ところで、昔話の一寸法師でよく知られている小さ子は、勇気がある知恵ものであり力も強かった。平安時代初期に成立した仏教説話集『日本霊異記』の中に、道場法師譚と呼ばれる伝説が残されている。この伝説の主人公である道場法師は雷の子として生まれた小さ子であった。この子が十歳頃、力自慢の王と怪力を競い巨石の飛ばし合いをして勝利を収めたという逸話が残されている。このような伝説を参考にして聖岡伝説を読み直してみると、重い粘土を背負って遠くまで歩き続けた小比古尼命は、まさに力持ちの小さ子であったことが分かる。

伝説や昔話の特色として見た場合、我慢比べや力比べの背景にあるのは小さ子の尋常ならざる能力であり、聖岡伝説はその尋常ならざる力をユーモラスに語っているとみることもできるだろう。このような視点から考えるならば、これは笑い話の一種であると言えるのではないだろうか。

◆「オケ・ヲケ天皇伝説」（美嚢郡）

志深の里〔土地の肥沃の度合いは、可もなく不可もないランクの中の中である〕。志深と名づけた理由は、〔次のような言い伝えがあるからだ。〕履中天皇（伊射報和気命）がこの井で御食事された時、信深貝が御飯の箱の縁に〔カサコソと〕上ってきた。その時、「この貝は、阿波の国和那散で私が食べた貝かなあ」と言われた。だから、志深の里と名づけた。

仁賢天皇（於奚）、顕宗天皇（袁奚）の天皇たちがこの地におられた理由は、〔次のように言い伝えられている。〕

お二人の父君、市辺天皇命が近江の国の摧綿野で殺された時、日下部連意美を連れて逃げてきて、この村の石室に隠れておられた。そしてその後、意美は〔自分には当然〕重い罪があると自覚して、乗っている馬たちの筋を切り断って追い放った。また、持っていた物や鞍などは、すっかり焼き棄てた。そしてすぐに首をくって死んでしまった。それで二人の子はあちこちに隠れ、東に西に迷われた。結局、志深の村の首である伊等尾の家に使用人として雇われた。伊等尾の新築祝いの宴をするために、二人の子たちに火をともさせ、それから詠辞を歌わせた。ここで兄弟がお互いに譲りあって、〔結局は〕弟が立って声を引いて歌われた。そのことばに言うには、

たらちし　吉備の鉄の　狭鍬持ち　田打つ如す　手拍て子等　吾は儛せむ

（たらちし）吉備の鉄でできた　鍬を持ち　田を打つように　手を拍ってみんな　吾は舞をしよう）

また、声を引いて歌われた。そのことばに言うには、

淡海は　水渟る国　倭は　青垣　青垣の　山投に坐しし　市辺の　天皇の　御足末　奴らま

（近江は　水を湛える国。大和は　青垣。青垣の　大和におられた

市辺の　天皇の　ご子孫である　奴の我等は）

と歌われた。

すべての人たちが皆、畏れ敬って走り出た。ここに、針間の国の山門の領として派遣されていた山部連少楯が互いに聞き互いに見て、しみじみ語って、「この御子のために、あなたたちの母である手白髪命は、昼は食事もされず、夜はお眠りにならず、死にそうな思いで、泣きながら恋うている子たちですよ」と言った。それによって〔少楯が〕参上して〔手白髪命に〕申し上げることは、右のいきさつの通りだった。母は歓び愛しみ泣いて、少楯を送り返して〔御兄弟を〕呼び寄せられた。そして、互いに見、互いに語らって愛おしんだ。これより後、再び播磨に帰ってきて、宮をこの地に造って住まれた。それで、高野の宮、少野の宮、川村の宮、池野の宮がある。また、屯倉をお造りになった所を御宅の村と名づけ、御倉をお造りになった所を、御倉尾と名づけた。

❖志深の里〔土は中の々〕。志深と号けし所以は、伊射報和気命、この井に御食したまひし時、信深貝、御飯の筥の縁に遊び上りき。その時、勅して云ひたまひしく、「この貝は、阿波の国和那散に、我が食せる貝なるかも」といひたまひき。故、志深の里と号けき。

於奚、袁奚の天皇等、この土に坐しし所以は、汝が父、市辺天皇命、近江の国の摧綿野に殺さえたまひし時、日下部連意美を率て逃れ来て、この村の石室に隠りたまひき。然る後、意美、自ら重き罪を知りて、乗れる馬等、その筋を切り断ちて逐ひ放ちき。また、持てる物、桉等は、尽に焼き廃つ。すなはち経き死にき。ここに、二人の子等、彼此に隠り、東西に迷ひたまひき。仍りて、志深の村の首、伊等尾が家に役はえたまひき。伊等尾が新室の宴するに因りて、二人の子等に燭さしめ、仍りて詠辞を挙げしめき。ここに兄弟、各　相ひ譲り、弟立ちて詠めたまひき。その辞に曰ひしく、

たらちし　吉備の鉄の　狭鍪持ち　田打つ如す　手拍て子等　吾は儛せむ

また、詠めたまひき。その辞に曰ひしく、

淡海は　水渟る国　倭は　青垣　青垣の　山投に坐しし　市辺の　天皇の　御
足末　奴らま

諸人等、皆畏みて走り出でき。ここに、針間の国の山門の領に遣さえし山部連少楯、相聞き相見て、語りて云はく、「この子の為に、汝母、手白髪命、昼は食したまはず、夜は寝ねたまはず、有生るも有死ぬるも、泣き恋ふる子等」といひき。仍りて参上りて啓すこと、右の件のごとし。歓び哀び泣きて、少楯を還し遣りて召し上げたまひき。仍りて、相見、相語らひ恋ひたまひき。これより以後、また還り下り、宮をこの土に造りて坐しき。故、高野の宮、少野の宮、川村の宮、池野の宮あり。また、倉を造りたまひし処を御宅の村と号け、倉を造りたまひし処を、御倉尾と号けき。

＊志深の里は、現在の兵庫県三木市志染町付近とされている。この伝説の前半は、履中天皇がこの場所で食事をした時の蜆をめぐるエピソードによって志深と名づけられたことを語る。後半は、父、市辺天皇命が近江で殺害された後、その皇子である於

奚皇子（仁賢天皇）と袁奚皇子（顕宗天皇）の兄弟がこの地に逃れて身を隠し、やがて発見される経緯を伝える内容である。

この事件の顚末は記紀でも複数の天皇の記事の中に分割して取り上げられている。記紀と風土記の所伝の大筋は変わらないが、いくつかの点で違いがある。風土記では市辺天皇命とあるように二人の皇子の父は天皇であったと記されている。ところが記紀の所伝では、袁奚皇子が歌った歌謡の中には即位を思わせる言葉はあるが、実際に即位したという記事は存在しない（『記』では市辺忍歯王、『紀』では市辺押磐皇子）。市辺皇子が実際に即位していたのか否かはこの事件伝説を考える上でとても重要である。もし即位していたとするならば、皇位についていた天皇の殺害事件であり、そうでないとしても皇位継承をめぐる重大な事件であったことは間違いない。記紀・風土記にこの記事が記されていることは、奈良時代の人々にとっても衝撃的な事件として記憶されていたことを表しているように思う。

記紀と風土記の記事を比較してみた最も大きな違いは、記紀では清寧天皇崩御後に皇位を継ぐべき皇子がいなくなってしまったという深刻な問題に端を発して、播磨で発見された二人の皇子が皇位を継承して皇統断絶の危機が回避されたいきさつを重視しているのに対して、風土記ではあくまで志深の里の伝承として語っていることである。ことに、母である手白髪命(たしらかのみこと)(『記』では叔母(おば))との再会の後、この地に還(かえ)り下って宮を造っているが、この所伝は記紀にはない特色である。このような違いが生じてくるのは、記紀が国家の歴史を叙述することを目的としているのに対して、風土記は各国の郡(こおり)や里(さと)レベルの地理的環境や土地の歴史を記録することを目的としていることに由来すると考えられる。風土記の編纂(へんさん)に当たって、里長(さとおさ)が自分の管轄する土地の地名起源や伝説をまとめる役割を担っていたことはすでに述べた。彼らに求められていたことは、あくまでその里の歴史や自然環境を報告することであり、国家レベルの歴史を叙述することではなかった。記紀と風土記は、それぞれ異なった目的をもって編纂されたのであり、これらを簡単に比較して論じることはできないだろう。

第四章　豊後国風土記

(ぶんごのくにふどき)

別府温泉血の池地獄

この風土記に関しては、成立年・編者ともにいまだ定説と呼べるものがない。この風土記には景行天皇巡行伝説が多く残されており、『日本書紀』に記されている景行天皇巡行伝説と何らかの関係があった可能性がある。また温泉や地震に関する記事が残されていることが注意される。

本書では、農耕に関わる人間と鳥や鹿などの動物をめぐる伝説や温泉と大地震に関する記事などを取り上げた。九州地方を襲った大地震については、『日本書紀』にも記されており、この風土記の記録と一致するところが多く、史実であると判断される。つまりこの風土記は古代の災害を知ることができる貴重な史料でもある。

◆「豊後国」総記

豊後の国は、本来、豊前の国と合わせて一つの国であった。昔、纏向日代の宮で国土を統治された景行天皇（大足彦天皇）が、豊国の直たちの祖先であった菟名手に命じて、豊国を治めさせられた。〔菟名手は〕豊前の国仲津郡の中臣の村に到着した。その時、日暮れになったので〔その村で〕一夜を宿った。夜明け前の早朝に忽然と白い鳥が現れて、北から飛んで来てこの村に飛び回って集まってきた。そこで菟名手が従者に命じて、その鳥〔の様子〕を目で確認させたところ、鳥が餅に化け、〔さらに〕わずかな時間で、また数えきれない数の里芋に化けて、〔その〕花と葉が残らず咲きほこり生い茂った。菟名手は〔その様子を〕見て不思議に思って心惹かれ、喜び勇んで言ったことには「〔白い鳥が〕化けた里芋は、今まで見たことがない。〔これは〕じつに天皇の徳の高さと、天神地祇の御心のめでたい顕れだ」と言った。ほどなく、朝庭に参上して有りのままを残らず、天皇の御耳に入れた。天皇はお喜びになって菟名手に命じておっしゃったことには、「天上の〔神の〕めでたい顕れ、地上の〔神の〕豊かな草である。そなたが治める国は、豊国と称するがよい」とおっしゃった。それに加えて姓をお与えになって、豊国直と言った。これにちなんで豊国と言った。その後、〔豊国を〕二つの国に分けて、〔この地は〕豊後国を以て名とした。

❖豊後の国は、本、豊前の国と合せて一つの国なりき。昔、纏向日代の宮に御宇しめしし大足彦天皇、豊国直等が祖、菟名手に詔して、豊国を治めしめたまひき。豊前の国仲津郡の中臣の村に往き到りき。時に、日晩れて僑宿りき。明くる日の味爽に、たちまちに白き鳥ありて、北より飛び来たりて、この村に翔り集ひき。菟名手、すなはち僕者に勒せて、その鳥を看しむるに、鳥、餅と化為り、片時が間に、また芋草数千許株と化りて、花と葉とことごと栄えき。菟名手、見て異しと為ひ、歓喜びて云ひしく、「化生れる芋は、かつて見しことあらず。実に至徳の盛、乾坤の瑞なり」といひき。既にして朝庭に参上りて、状を挙げて奏聞しき。天皇、ここに歓喜びたまひて菟名手に勅して云ひたまひしく、「天の瑞物、地の豊草なり。汝が治むる国は、豊国と謂ふべし」とのりたまひき。重ねて姓を賜ひて、豊国直と曰ひき。因りて豊国と曰ひき。後、両つの国に分ちて、豊後の国を以て名と為しき。

✿これは『豊後国風土記』の冒頭部分である。豊後国は、ほぼ現在の大分県に相当する国である。古代では「前」と「後」を付けて国名としているものが他にもある。後に取り上げる「肥前」もその一つである。

さて、もと「豊国」と呼ばれていた国を分割して「豊前」「豊後」となったのであるが、ここでは分割以前の「豊国」の由来が記されている。景行天皇の時代、豊国の直たちの祖先であった菟名手に命じて豊国を治めさせた。その菟名手が一夜宿った村に忽然と現れた白い鳥が餅になったと記されている。鳥と餅が深い関係を持っている伝説は、後にも取り上げるように速見郡「田野の伝説」にもみられる。それには、水田を開拓し多くの稲を収穫した農民が富を驕(おご)って餅を作って的にしたところ、その餅が鳥に化身して飛び去り、以後その地の農民は死に絶え土地も荒れ果てたとある。これは「餅の的」と呼ばれる伝説に属するものである。餅が白鳥になるというのは穀物の霊であろうと言われており、田野の伝説はそれを粗末にした結果として村が没落したことを語るものであろう。

それに対して冒頭にあるこの伝説は、その類型であるが田野の伝説のような没落を語るものではないことに注意する必要がある。また、白鳥が餅になりさらに里芋に化けて花と葉が残らず咲きほこったというように豊かな実りが生じたことを語る。この里芋も、豊穣(ほうじょう)を象徴する作物と考えられていたことは、それを用いた祭事があることからも推測される。しかし、この伝説ではそれを「至徳の盛、乾坤の瑞」によってもたらされたと述べるように、天皇の徳と天神地祇(てんじんちぎ)のめでたい恵みが強調されているところに特色がある。ここでは穀物の霊としての餅、白鳥、里芋の象徴的意味が、天皇と天神地祇の陰に隠れて後退してしまっていると言えるだろう。

◆「五馬山伝説」（日田郡）

五馬山。〔郡家（役所）の南方にある。〕昔、この山に土蜘蛛〔と呼ばれる荒々しい集団に女統領〕がいた。名を五馬姫と言った。それに因んで五馬山といった。飛鳥の浄御原の宮で天下を治められた天武天皇の御世、戊寅の年（六七八年）、巨大な地震が起こり、山も岡も裂けて崩れた。この山の一つの峡谷が崩落し、煮えたぎった泉が、あちらこちらから湧き出てきた。湯気が立ち込めて熱く、〔その湯気で〕ご飯を炊くと早く蒸せる。ただ一つの源泉だけはその穴が井戸に似ていた。穴の直径は約三メートル（一丈）ほど、どれくらい深いのか見当もつかない。温泉の色は紺に近く、常時流れてはいない。人の声を聞くと、その声に驚いて泥を噴き上げる高さは一丈ほどにもなる。今、いかり湯というのは、これを指している。

❖五馬山。〔郡の南にあり。〕昔、この山に土蜘蛛ありき。名を五馬媛と曰ひき。因りて五馬山と曰ひき。飛鳥浄御原の宮に御宇しめしし天皇のみ世、戊寅の年、大きに地震り、山崗裂け崩えき。この山の一つの峡、崩え落ち、慍れる泉、ところどころより出でき。湯の気熾りて熱く、飯を炊ぐに早く熟りき。ただ、ひとところの湯は、その穴井に似たりき。口の径、丈余り、深き浅きを知ることなし。水の色は紺のごとく、常には流れず。人の声を聞けば、驚き慍りて埿を騰ぐること、一丈余りばかりなり。今、慍湯と謂ふはこれなり。

＊五馬山は、現在の大分県日田市近辺の山と言われているが、具体的な山は比定されていない。

これは天武天皇の時代、戊寅の年（六七八年）に発生した巨大地震の記録である。この時の地震に関しては『日本書紀』にも記されている。その記事を現代語訳したものを次に挙げてみよう。（小学館新編日本古典文学全集本の現代語訳を参考にして訳した）

十二月に筑紫国（現在の福岡県を中心とする地域）で大地震があった。地面が広さ約六メートル（二丈）、長さ約九キロメートル（三千丈あまり）にわたって大地が裂け人々の住まいは、どの村でも多くが倒壊した。

このとき、一軒の農家が岡の上にあった。地震が発生した夕刻、岡が崩れてその場所が移動した。ところが家はまったく被害がなく、壊れなかった。その家の住人は、岡が崩れて家も移動したことを知らなかった。ただ、夜が明けた後に気づいて大いに驚いた。

『日本書紀』の記事と風土記の記事を突き合わせることによって、六七八年に九州内陸部で大地震が発生したことは間違いないと考えられる。『日本書紀』の記事の後半には、岡の上に家があり、地震によって崩れた岡と共に家が動いたにも拘わらず、その家の住人は夜明けまで気がつかなかったという興味深いエピソードが残されているが、これは震災後の混乱の中から生まれてきた噂話や風聞の一つであったと考えられる。五馬山伝説でも、地震によって噴出した温泉が人の声を聞くと、その声に驚いて泥を噴き上げるというような、にわかには信じがたい話が添えられているが、このまことしやかなエピソードは地震伝説と呼んでもいいだろう。

この五馬山の記事は、『日本書紀』の内容を裏付けるものであり、古代史を考える上で風土記が果たす役割は決して小さくない。しかも、それが各地方独自の伝承であるところに大きな意義があると言えるだろう。

◆「頸の峯伝説」（速見郡）

頸の峰。〔柚富の峰の西南にある。〕この峰の麓に水田がある。本の名は宅田である。この田の苗を、鹿がいつも食べていた。田の主が柵を作って様子を伺いながら待っていると、鹿がやって来て自分の首をもたげて柵の中にこじ入れて苗を食べた。〔業を煮やした〕田の主が〔その鹿を〕捕まえてその首を切り落とそうとした。その時、鹿が命乞いをして言うことには、「私は、たった今、誓いを立てましょう。どうか私の死罪をお許しください。もし、〔あなた様が〕寛大な恩を施して、命拾いをしたならば、私の子孫に苗を食べてはいけないよと伝えましょう」と言った。田の主は、それで大変不思議だと思って、逃がしてやり〔首を〕斬らなかった。その事があってからずっと、この田の苗は鹿に食われることがなく、その実りを収穫した。こういう訳で〔この田を〕頸田と言い、また峰の名とした。

❖頸の峯。〔柚富の峯の西南にあり。〕この峯の下に水田あり。本の名は宅田なり。この田の苗子を、鹿、つねに喫ひき。田主、柵を造りて伺ひて待てば、鹿到り来て己が頸を挙げて、柵の間に容れて、苗子を喫ひき。田主、捕獲へて、その頸を斬らむとしき。時に、鹿、請ひて云はく、「我、今、盟を立てむ。我が死ぬる罪を赦したまへ。もし大き恩を垂れて、また存くること得ば、我が子孫に、苗子をな喫ひそと告げむ」といひき。田主、ここに大きに恠しと懐ひて、放免して斬らざりき。それより以来、この田の苗子は、鹿に喫はれず、その実を獲つ。よりて頸田と曰ひ、また峯の名としき。

✲頸の峰は、大分県由布市湯布院町の由布岳にある峰ではないかと言われている。この伝説は、田を荒らした鹿が命乞いをし、それを赦したことが原因となって、以後は鹿の害を受けることもなく稲を収穫したことを物語るものであるが、鹿をめぐる伝説は風土記にしばしば登場する。『播磨国風土記』讃容郡の地名起源説話では、玉津日女命（ひめのみこと）が生け捕りにした鹿の血に稲種を播（ま）いたところ一夜で苗が育ったとある。これは鹿の血に霊力があると考えられていたことを示すとも言われており、鹿が稲の豊作に深く関わっているという信仰や民俗があったと考えられる。

ところで、この伝説で注目されるのは、苗を食べたことを鹿自身が「死罪」と言っていることである。これは、古代における「罪」を考える上で重要である。平安時代に成立した『延喜式（えんぎしき）』に収められた祝詞（のりと）の中に、毎年六月と十二月に執り行われる大（おお）祓（はらえ）で奏上される「大祓祝詞」がある。この祭事は、半年ごとに人々が犯した罪を流し去るために行われるものであるが、その祝詞の中で「天（あま）つ罪」として挙げられているものは、田の畔（あぜ）を壊すことなどの農耕妨害に関するものである。古代の村里は農業共同体であり、稲作が村の生活と経済を支えていた。これを踏まえてこの伝説を読み直してみると、鹿が苗を荒らすことは、村里の人々にとっては生活に深刻な危機をもたらすものであり、まさに「天つ罪」と呼ぶにふさわしい行為であったと言えるだろう。このような古代の村落社会の日常生活を背景において読むと、現代では動物虐待と言われかねない、田主が捕獲した鹿の頸を斬ろうとした行為も、当時の村里ではやむにやまれぬことであったと言えるのではないだろうか。

さらに言うならば、命乞いをした鹿が許してもらうことを「大き恩（めぐみ）」と言い、田主がそれを不思議に思いながらも受け入れて許すことの背景には人間と鹿の共存があったことや、「罪」や「恩」という倫理観がすでに村落社会で形成されていたことが窺（うかが）える。これは日本文化の価値観の成り立ちという観点から見ても興味深い伝説である。

◆「田野の伝説」（速見郡）

田野。〔郡家（役所）の西南にある。〕この野は広く大きく、土地がよく肥えている。〔田畑を広げるための〕開墾の便利さは、この土地に比べる場所はない。昔、郡内の百姓が、この野に住んで、沢山の水田を開き、収穫した米が余り〔それを〕畝に留めた。〔その豊作に〕驕り高ぶり、〔豊かに収穫した米で〕餅を作って的として〔楽しんだ〕。その時、餅が白い鳥となって、飛んで南に去って行った。その〔ことがあった〕年に、百姓が死に絶えて、水田を耕すことが出来ず、とうとう荒れ果ててしまった。それ以降、〔この野は〕水田に適さなくなった。今、田野と言うのは、それに因んでいる。

❖田野。〔郡の西南にあり。〕この野は広く大きく、土地沃腴えたり。開墾の便、この土に比ふものなし。昔、郡内の百姓、この野に居みて、多に水田を開き、糧を余して畝に宿めき。大きに奢りすでに富みて、餅を作りて的となしき。時に、餅、白き鳥と化りて、発ちて南に飛びき。当年の間に、百姓死に絶えて、水田造らず、つひに荒れ果てき。それより以降、水田に宜しくあらざりき。今、田野と言ふはその縁なり。

✻田野の所在は未詳である。「餅の的」の伝説についてはすでに説明したので、ここでは稲作と国作りの関係についてみていこう。

伝説によると、田野の人々は土地の肥えたこの地で水田を開いて稲作をした結果、豊かな生活ができるほどの米を収穫したと語られている。『豊後国風土記』に限らず、現存の風土記では、たとえば、『出雲国風土記』に登場する「天の下所造らしし大神大穴持命」の伝説に見られるように稲作と深く関わるものが多く残されている。それらの伝説は、一般民衆の農耕生活の中での体験を背景として生まれてきたものだと想像される。それは記紀のような国家レベルの神話と比べると、些末な伝承であると考えられてきたが、見方を変えると、これこそまことに風土記らしい伝説と言える。

一般民衆にとっての国作りとは、土地を切り開いて水田耕作をするという生活に密着した具体的行為であったと考えられる。記紀神話に語られている国作りに関しては、王権や国家的なイデオロギーといった視点から論じられることが多い。しかしながら、風土記の地方目線を通して見直してみると、記紀に語られている国作り神話も基本的には国土を開墾して耕地を広げて稲作の稔りを得て豊かになることを願ったものだと考えた方がよいのではないかと思う。

風土記には、記紀の世界からは見えてこない一般民衆の具体的な生活が記されている。「記紀史観」とは異なる「風土記史観」によって古代史を見直すと、村里の里山とともに慎ましく質素に生きた人々の姿が見えてくる。

第五章　肥前国風土記（ひぜんのくにふどき）

唐津市鏡山（褶振の峰）

この風土記は、『豊後国風土記』と同じように成立年・編者ともに未詳である。『豊後国風土記』と同じく景行天皇の巡行記事が多く残されているが、それ以外の天皇の時代の伝説も記録されている。興味深いのは『万葉集』巻五に登場する「松浦佐用姫」の和歌とも関係する褶振の峰の伝説が残されていることである。万葉歌人が風土記に関係したと考えられる例は、高橋虫麻呂を除いてほとんど存在しない。『万葉集』に残されている松浦佐用姫に関する和歌作品と褶振の峰の伝説記事についても、同一人物が関与していた可能性は低いと思われるが、文学史にも登場する伝承として当時から有名であったことは間違いないだろう。この伝承は『万葉集』と風土記の交渉を感じさせる数少ない例の一つである。

本書では、この褶振の峰の伝説をはじめ火の国九州の由来となった地名起源説話などを取り上げた。

◆「肥前国」総記

肥前の国は、本来、肥後の国と合わせて一つの国であった。昔、磯城瑞籬の宮で国土を統治された崇神天皇（御間城天皇）の時代に、肥後の国の益城郡の朝来名の峰に、〔荒々しい在地集団の〕土蜘蛛、打猴と頸猴の二人がいた。彼らは、仲間およそ一八〇人以上を手下として、天皇の〔服属〕命令を拒否して、なかなか帰順しなかった。〔そこで〕朝廷が勅命を下して、肥君等の祖先である健緒組を派遣して討伐させようとした。そこで、健緒組は、勅命を奉じて〔土蜘蛛を〕討伐し尽くした。

さらに、国中を巡って土地の情勢を念入りに調べていたところ、八代郡の白髪山に到着して日暮れとなり、そこで宿った。その夜、大空に火が浮かび、自然に燃えて少しずつ降りてきて、この山にたどり着いて燃えた時に、健緒組は、〔その様子を〕見て驚き不思議だと思った。〔その後〕朝廷に参上して〔復命の言葉を〕奏上して、「天皇の臣たる私は、恐れ多くも勅命を頂いて、遠く、西の天皇を恐れぬ者どもを討伐したところ、刀刃を〔血糊で〕濡らすことなく、逆賊たちは当然のごとく滅び去りました。〔このことは〕天皇の御威光〔の偉大さ〕以外の、何ものでもございませんでしょう」と申し上げた。さらに、〔怪しい〕火の様子についてお聞かせ申し上げた。〔それをお聞きになって〕天皇は、お言葉を述べておっしゃることには、「〔お前が〕申した事は、今まで聞いたことがない。〔不思議な〕火が下ってきた国は、火の国と呼ぶのがよかろう」とおっしゃった。そこで、健緒組の武勲によって、姓名をお与えになり、火の君の健緒組と名づけ、この国を統治するために派遣された。こういう訳で、火の国と言った。後に、二つの国を分けて前と後とした。

❖肥前の国は、本、肥後の国と合はせて一つの国なりき。昔、磯城の瑞籬の宮に御宇しめしし御間城の天皇のみ世に、肥後の国益城の郡朝来名の峰に、土蜘蛛、打猴、頸猴二人ありき。徒衆一百八十余りの人を帥ゐて皇命を拒捍み、肯へて降服はずありき。朝庭、勅して肥君等の祖健緒組を遣りて伐たむとしたまひき。ここに、健緒組、勅を奉りて悉に誅ひ滅ぼしき。また、国裏を巡りて消息を観察ひしに、八代の郡の白髪山に到りて日晩れて止宿りき。その夜、虚空に火ありて自然に燎え、稍々に降下りて、この山に就きて燎えし時に、健緒組、見て驚き恠しみき。朝庭に参上りて奏言していはく、「臣、辱くも聖命を被りて、遠く西の戎を誅ふに、刀刃を霑らさずて、梟鏡自づから滅びき。威霊にあらざるよりは、何ぞ然あることを得む」とまをす。また、燎火の状を挙げて奏聞しき。天皇、勅して曰はく、「奏せる事、かつて聞くことなし。火の下りし国は、火の国と謂ふべし」とのたまひき。すなはち、健緒組の勲を挙げて、姓名を賜ひて火の君の健緒組と曰ひ、すなはちこの国を治め遣したまふ。因りて火の国と曰ひき。後、両つの国を分かちて前と後となしき。

＊この記事は、前に挙げた『豊後国風土記』と同じく、「肥国」の起源伝説である。

肥前国は、現在の佐賀県にほぼ相当する。この伝説は「肥後国風土記」逸文や『日本書紀』にも見られるものであり、これまでの研究では、それぞれの資料の関係性が問題とされてきた。とくに『日本書紀』と九州地方の風土記との間に多くの類似した記事が残されている点に注目して、九州地方の風土記は『日本書紀』を下敷きにして編纂されたとする説が有力となっている。ただし、この説が成り立つためには、九州各国の国庁に『日本書紀』が存在したことが証明されなければならない。魅力的な説ではあるが、なお課題が残されていると言わねばならない。

さて、「肥国」と名づけられたのは、崇神天皇の時代に、この地を支配していた土蜘蛛の打猴と頸猴を討伐した肥君等の祖先健緒組が、八代郡の白髪山に到着した夜に見た大空に浮かんだ怪しい火について報告したところ、崇神天皇が「火の下りし国は、火の国と謂ふべし」と言ったことに由来すると伝えられている。さらにこの伝説に続いて、景行天皇が筑紫国を巡行して葦北の海を渡っている時に不思議な火を見たことが記されている。「火の国」の由来となったこれらの火は、熊本県八代市付近の海で見かけられる不知火だと言われている。

神話や伝説において「火」が特別な意味をもっていることは、ギリシャ神話のプロメテウスの物語や、火の神を産んだことが原因で命を落としたイザナミ神話などからも窺われる。これらの神話は、人間にとって火がいかに大切なものであったかを物語っている。火の霊力が強く意識されていた古代社会において、海上や天上に浮かぶ火は、ことさら不思議に思われたであろう。「不知火」伝説が生まれてきた背景には「火」に対する畏怖(いふ)の念があったものと思われる。

◆「姫社の郷の伝説」（基肄郡）

姫社の郷。この郷の中に川がある。名を山道川という。その川の水源は郡の北の山から出て、南に流れて御井の大川に合流する。昔、この川の西岸に、荒々しい神が鎮座しており、往来する人が多く殺され、半数は辛うじて助かったが、〔残る〕半数は〔痛ましいことに〕殺された。ある時、〔この神に〕祟る訳を占い尋ねると、〔神の〕気配が出現し、「筑前の国宗像の郡の人、珂是古に、私の社を祭らせなさい。もし私の思いに合うならば、〔この先〕猛々しい心は決して起こさない」と言った。そこで珂是古を尋ね求めて、神の社を祭らせた。珂是古が幡を捧げて乞い願って言うことには、「心の底から、私が祭り祝うことを要求するならば、この幡は、風の流れのままに飛んで行き、私〔の祭祀〕を願う神がいるあたりに落ちなさい」と言うと、幡を捧げて風の流れのままに手から放し去った。すると、その幡は飛んで行って、御原の郡の姫社の社に落ち、再び引き返し飛んできて、この山道川近くの田村に落ちた。珂是古は、当然のこととして、神が鎮座する所を悟った。その夜の夢に、〔機織り道具の〕くつびき（臥機）とたたり（絡垜）とが舞の神遊びをしながら現れて、珂是古の体を押さえつけて苦しませるのを見た。これによって、その神が機織りの女神だということも明らかになった。〔と言う訳で〕社を立てて祭った。それから今に至るまで、往来する人が、殺されなくなった。このような訳で姫社と言った。今、この言い伝えによって郷の名とした。

❖姫社の郷。この郷の中に川あり。名を山道川と曰ふ。その源は郡の北の山より出で、南に流れて御井の大川に会ふ。昔、この川の西に荒ぶる神ありて、路行く人、多に殺害さえ、半ば凌ぎ半ば殺しき。時に、祟る由を卜へ求ぐに、兆に云はく「筑前の国宗像の郡の人、珂是古をして、吾が社を祭らしめよ。もし願ひに合はば、荒き心を起さじ」といひき。珂是古を覓ぎて、神の社を祭らしめき。珂是古、幡を捧げて祈禱みて云はく、「誠に吾が祀を欲りするにあらば、この幡風の順に飛び往きて、吾を願ふる神の辺に堕ちよ」といひ、幡を挙げて、風の順に放ち遣りき。時に、その幡飛び往きて、御原の郡の姫社の社に堕ち、さらに還り飛び来て、この山道川の辺の田村に落ちき。珂是古、自ら神の在す処を知りき。その夜、夢に臥機と絡垜と、儛ひ遊び出で来て、珂是古を圧し驚かすとを見たり。ここに、また女神と識りき。社を立てて祭りき。それより已来、路行く人、殺害さえざりき。よりて姫社と曰ひき。今、以て郷の名となしき。

✼姫社の郷は、現在の佐賀県鳥栖市姫方町のあたりとされている。これは、第三章の『播磨国風土記』にもある交通妨害をモチーフとした神の鎮座伝承である。姫社の郷を流れる山道川の西にいた荒ぶる神によって、通行する人の半分が殺されたため、占いによって祟る理由を問い尋ねたところ、筑前国宗像郡の人、珂是古を探し出して我が社を祀り、それが心に適うならば以後祟ることはないというお告げがあった。そこで、筑前国宗像郡の人、珂是古を見つけ出してこの神の本拠を求めたところ、それが姫社の社に鎮座する神の仕業であることが明らかになり、そこに神を祀る社を建てようやく道行く人の安全が保証されるようになったという。夢のお告げによって神を祀るべきある特定の人物を探し求めることは、『古事記』の三輪山伝説にもみられる。

ところで、姫社の郷があったとされる鳥栖市姫方町あたりは、古代では筑前国の大宰府から延びた官道が西の肥前国府と南の筑後国府に分岐する地点に近い。今でもこの近くには九州自動車道と長崎自動車道のジャンクションがある。分岐点やジャンクションは、神話的に言うなら境界領域であり、荒ぶる神の交通妨害伝説の所在地をたどっていくと、このような要衝の地であることが少なからずみられる。人々の往来が交差する地点は妖怪や幽霊が出現するとされる場所でもあり、このような伝説を通して境界に対する古代人の畏怖の念を見ることができる。

◆「鏡の渡の伝説」（松浦郡）

鏡の渡。〔郡家（役所）の北にある。〕昔、檜隈廬入野の宮で国土を統治された宣化天皇（武少広国押楯天皇）の時代に、大伴の狭手彦の連を派遣して任那の国を鎮定し、さらに百済の国を救援させなさった。狭手彦は〔天皇の〕命令を奉ってやって来てこの村にたどり着き、篠原村の弟日姫子に求婚して契りを結んだ。〔この娘は日下部君等の祖先である。〕姿容は麗しく、〔その美しさは〕まったく〔現実の〕人間とは思えないほどであった。〔二人が〕離れ離れになるお別れの日に、〔狭手彦は〕鏡を選んで妻に与えた。妻は、悲しみ泣きながら〔夫を見送るために〕栗川を渡ると、〔形見に〕与えられた鏡の紐が切れて川に沈んだ、それに因んで鏡の渡と名づけた。

❖鏡の渡。〔郡の北にあり。〕昔、檜隈の廬入野の宮に御宇しめしし武少広国押楯の天皇のみ世、大伴の狭手彦の連を遣はして任那の国を鎮め、また、百済の国を救はしめたまひき。命を奉りて到り来て、この村に至りき。篠原の村の弟日姫子を娉ひて婚をなしき。〔日下部の君等が祖なり。〕容貌美麗しく、ことに人間に絶れたり。分別るる日、鏡を取りて婦に与へき。婦、悲しみ渧きつつ栗川を渡るに、与へらえし鏡の緒、絶えて川に沈みき、よりて鏡の渡と名づけき。

✲鏡の渡は、現在の佐賀県唐津市鏡のあたりと言われている。宣化天皇の時代に大伴狭手彦を任那に派遣したことは、『日本書紀』宣化天皇二年（五三七年）の記事にもあり、また欽明天皇二十三年（五六二年）の記事には高麗に攻め入ったという記録が残されている。しかしながら、そこにはここに挙げた篠原村の弟日姫子との結婚と別離の伝説は記されていない。『日本書紀』はそれを省いたのかもしれないが、風土記の所伝はもともと風土記独自のものであった可能性も捨て切れない。というのは、この伝説は、次にあげる褶振の峰伝説のいわば伏線であり、風土記はあくまでも在地の伝説として取り上げているからである。ここでも、『日本書紀』と風土記の性質の違いがよく分かる。『日本書紀』は日本と朝鮮半島の関係を記述する点に主眼があり、『肥前国風土記』は、里の伝説を記述するところに主眼がある。これら二つの資料が、それぞれ独自のテーマを持って編纂されていることの違いを認識することは、風土記を読む場合とくに注意しておきたい点である。

◆「褶振の峰の伝説」（松浦郡）

　褶振の峰。〔郡家（役所）の東にある。烽が設置されているところである。名を褶振の烽と言う。〕大伴の狭手彦の連が、出航して〔海路を越えて〕任那に渡った時に、弟日姫子が、この峰に登って、褶を使って魂振り〔の霊力で〕神霊を招き寄せた。これに因んで褶振の峰と名づけた。さて、弟日姫子が狭手彦の連と別れて五日が過ぎた後、〔見知らぬ〕人が現れた。〔その男は〕毎晩〔弟日姫子のもとに〕やって来て、彼女と一夜を過ごし、夜明け前になると急いで帰っていった。〔その男の〕容貌と姿は、狭手彦と瓜二つだった。女は、それを不思議だなと疑って、とうてい我慢できなくなった。〔そこで〕こっそりと麻糸を使ってその男の襴に繋いで、麻糸が続くのをたどり追跡していくと、この峰のほとりの沼の岸辺にたどり着いた。〔そこには〕寝ている蛇がいて、体は人であって沼の底に沈んでいて、頭は蛇であって沼の岸辺で寝そべっていた。〔それが〕あっという間に人の姿に変わるや否や、〔このように〕語って言った。

篠原の　弟姫の子ぞ　さ一夜も　率寝てむ時や　家に下さむ

〔篠原の　弟姫の子だね、お前は。たった一夜でも共寝の時を持ったら、家に帰してあげよう〕

その時、弟日姫子に付き添っていた女が、〔村に〕走って帰って〔弟日姫子の〕家族に〔事の次第を〕話し聞かせた。家族は、人を集めて〔その峰に〕登って様子を見てみると、蛇と弟日姫子は、いずれも姿が消えてそこにいなかった。このような訳で、その沼の底を見てみると、ただ人の屍だけが見つかった。みんなそれぞれ、弟日姫子の骨だと言って、この峰の南に場所を定めて、墓を作って骨を納め置いた。その墓は〔今も〕ある。

❖褶振りの峯。〔郡の東にあり。烽のところなり。名を褶振の烽と曰ふ。〕大伴の狭手彦の連、発船して任那に渡りし時、弟日姫子、ここに登りて、褶を用ちて振り招きき。よりて褶振の峯と名づけき。しかして、弟日姫子、狭手彦の連と相分かれて五日を経て後、人ありき。夜毎に来て、婦とともに寝ね、暁に至れば早く帰りき。容止形貌、狭手彦に似たり。婦、そを恠しと抱ひて、え忍黙せずて、ひそかに続麻を用ちてその人の襴に繋げ、麻のまにまに尋ね往きしに、この峯頭の沼の辺に到りき。寝たる蛇ありて、身は人にして沼の底に沈み、頭は蛇にして沼の脣に臥しき。たちまち人と化りき。語りて云ひしく、

　篠原の　弟姫の子ぞ　さ一夜も　率寝てむ時や　家に下さむ

時に、弟日姫子の従女、走りて親族に告げき。親族、衆を発して昇り看るに、蛇と弟日姫子と、並びに亡せてあらざりき。ここに、その沼の底を見るに、ただ人の屍のみありき。おのもおのも、弟日姫子の骨なりと謂ひて、この峯の南に就きて、墓を造りて治め置きき。その墓見あり。

✲　褶振の峰は、現在の佐賀県唐津市の鏡山だと伝えられている。「褶振の峰の伝説」は前出「鏡の渡の伝説」の後日譚である。

大伴狭手彦を見送った五日後、弟日姫子のもとに狭手彦によく似た男が毎夜訪ねてくるようになった。それを不審に思った姫子が続麻(うみお)（麻糸）を男の襴(すそ)に繋(つな)げて跡を追って行ったところ褶振の峰の沼にたどり着いた。そこで目にしたのは寝ている蛇であった。しかもその蛇は、体が人間で頭が蛇であるという半人半蛇であった。すると、その蛇がたちまち人間の姿となって歌を詠んで弟日姫子に誘いかけた。弟日姫子の従女が急を知らせ、それを聞いて駆け付けた家族が見たのは沼の底に横たわる屍(しかばね)であった。そこで家族は、それが弟日姫子の屍だと思って墓を作って骨を納めたという内容であるが、後半の展開はこの伝説独自の内容である。さらにここでは、蛇は神というよりも怪獣や妖怪に近い存在と言うべきであり、神と人との神婚という側面が見られないところに特色がある。これは、先に『常陸国風土記』の努賀毗古(のがひこ)と努賀毗咩(のがひめ)の解説でも触れたように三輪山型伝説の一つである。三輪山型伝説に共通してみられる特徴として、男の正体を突き止めるために着物の裾(すそ)に針で刺した続麻をたどっていくと語られることが多く、ここでもそれが語られている。このような特徴に着目して、三輪山型伝説の成立は機織りの女性と関係が深いとする説がある（佐竹昭広(さたけあきひろ)）。このタイプの伝説は昔話の蛇婿入りと深い関係にあり各地に広く分布している。

さて、この伝説に関連する歌が『万葉集(まんようしゅう)』巻五に残されている。それは、八六八番歌から八七五番歌にかけてみられる山上憶良の作品と、彼の作品と思われる和歌の中に見られる。その中の八七一番歌には次のように詠まれている。

遠つ人　松浦佐用姫　夫恋に　領巾振りしより　負へる山の名

この歌は、風土記と比べてみると、弟日姫子と佐用姫という違いがあるものの、大伴狭手彦と当地の女性にまつわる伝説が、風土記と『万葉集』という異なる資料に残されていることから考えて、かなり有名なものであったことは間違いないであろう。さらに、この八七一番歌の直前には漢文で記された大伴佐提比古と松浦佐用姫（風土記でいう弟日姫子）の伝説が記されている。これは中国の『文選』の語句を利用した文学的色彩の濃いものであり、『万葉集』では和歌と一体になって作品を構成する役割を果たしている。そこに、在地の伝説を叙述する風土記との大きな違いが認められる。

第六章　風土記逸文

浦嶋神社（宇良神社）

風土記逸文とは、まとまった成書としては残っていないが、諸種の文献資料に引用されて伝わってきた風土記記事の総称である。それらの多くは鎌倉（かまくら）時代以降、『万葉集』や『日本書紀』の注釈の資料として引用されたものであるが、かなりの量の風土記記事が残されており貴重な資料群である。それらは断片的で短い伝承の寄せ集めであるが、中には「丹後国（たんごのくに）風土記逸文」のように、天女伝説や浦島伝説など現代の私たちにも馴染（なじ）み深い話が残されているものもある。

本書では、天女伝説や浦島伝説をはじめとして、その土地ならではと思われる逸文のいくつかを取り上げた。

◆「賀茂社の伝説」山城国（『釈日本紀』所載）

可茂（賀茂）の社。可茂と言う〔理由〕は、〔次のような言い伝えがあるからだ。〕

〔九州の〕日向の曾の峰に天上界から下ってきた神、賀茂建角身命が、神倭石余比古（神武天皇）の御前に立って、大和の葛城山の峰に〔一夜〕泊まった。そこから少しずつ場所を変え、山城の国の岡田の賀茂にたどり着き、山城川（木津川）の流れに任せて〔川を〕下った。葛野川（桂川）と賀茂川が合流するところに着き、賀茂川〔の様子〕を確認して言うことには「〔この川は〕狭いけれど、石川で清らかな川だ」といった。これに因んで、名を石川の瀬見の小川と名づけた。その川から遡り、久我の国の北山の麓に鎮座した。その時から、名を賀茂と言った。賀茂建角身命が、丹波の国の神野の神である伊可古夜姫を妻に迎えて生まれた子は、名を玉依彦と言い、次に〔生まれた子は〕玉依姫と言った。玉依姫が、石川の瀬見の小川で川遊びをしていた時、赤く塗られた矢が、川上から流れ下ってきた。すぐにそれを拾い取って〔御殿の〕寝床のそばに差し立てて置いた。〔玉依姫は〕やがて身ごもり、男の子を生んだ。〔その子が〕大人になる年頃となり、外祖父である建角身命が、広い御殿を造営し、八つの戸の扉をしっかり立てて、多くの甕に酒を醸造して、神を集めに集めて、七日七夜宴の遊びを続けた。ところで、〔祖父は孫の〕子と語り合い「お前の父だろうと思う人にこの酒を飲ませてみよ」と言った。そこで、〔男の子は〕酒坏を挙げて、天に向かって〔酒を捧げて〕祭ろうとして、御殿の甍を割き壊して天上に上った。そこで、外祖父の名に因んで、可茂別雷命と名づけた。丹塗矢というのは、乙訓の郡の社に鎮座している火雷命である。

❖可茂の社。可茂と称ふは、日向の曾の峯に天降りし神、賀茂建角身の命、神倭石余比古の御前に立ちて、大倭の葛木山の峯に宿りましき。そこより漸に遷り、山代の国の岡田の賀茂に至り、山代河の随に下りましき。葛野河と賀茂河と会ふところに至り、賀茂川を見廻りていはく「狭くあれど、石川の清川にあり」といひき。よりて、名を石川の瀬見の小川といひき。その川より上りまし、久我の国の北山の基に定まりき。その時より、名を賀茂と曰ひき。賀茂建角身の命、丹波の国の神野の神、伊可古夜日女を娶りて生みし子、名を玉依日子と曰ひ、次に玉依日売と曰ひき。玉依日売、石川の瀬見の小川に川遊びする時、丹塗矢、川上より流れ下る。すなはち取りて床の辺に挿し置きき。つひに孕み、男子を生みき。人と成る時に至り、外祖父、建角身の命、八尋屋を造り、八戸の扉を竪てき。八腹の酒を醸みて、神集へ集へて、七日七夜楽遊しき。しかるに、子と語りて曰く「汝の父と思はむ人にこの酒を飲ましめよ」といひき。すなはち、酒坏を挙げ、天に向かひ祭らむとし、屋の甍を分け穿ちて天に升りき。すなはち、外祖父の名により、可茂の別雷命と号けき。いはゆる丹塗矢は、乙訓の郡の社にます火の雷の命なり。

✻可茂の社は、現在の京都市左京区の下鴨神社のことであり、また末尾に記された可茂別雷命は上賀茂神社の祭神である。つまりこの伝説は、上賀茂・下鴨二社の鎮座由来である。

賀茂の社に鎮座した由来を語る前半部では、日向の曾の峰に天上界から下ってきた神、賀茂建角身命が、神倭石余比古（神武天皇）の先導役を果たすことが語られているが、賀茂建角身命という神が天上界から下ってくるという神話は記紀にはみられずこの風土記独自の伝承である。後半部は、丹塗矢伝説の一つである。賀茂建角身命の子神である玉依姫が、石川の瀬見の小川の川上から流れ下ってきた赤い矢を寝床のそばに差し立てて置いたところ、姫は身ごもり男子を産んだという。

この伝説の特徴の一つは、先にも述べた通り賀茂建角身命が日向の曾の峰に降臨してきたと記していることである。風土記では土地の神が天上から降臨したり昇天したりする神話や伝説が少なくない。言い換えれば、風土記においては神々が天上世界と地上世界を往来することは比較的自由であるという特色がある。『古事記』では、天上世界である高天原と地上世界である葦原中国は明確に区別されており、葦原中国は天孫が降臨して領有される世界である。しかもその降臨は、ただ一回の絶対的なものであり、その絶対性が領有の正統な根拠となっている。高天原は地上の神がおいそれと昇天できるような世界ではないのである。それは『日本書紀』においても基本的に同じである。記紀の視点から見れば、天上世界からの降臨は統治の正統性を意味するものと考えることができるが、風土記の目線で見るならば、天上世界と地上世界は穏やかに共存していると評することができるだろう。

さて、もう一つの特徴は丹塗矢伝説である。神婚伝説である丹塗矢伝説や三輪山伝説などでは、女性と結婚をした男性の正体や素性が分からないことがしばしばある。これもその一つである。この伝説では父が誰であるかを知るために、御殿の新造を言祝ぐ宴の席で、外祖父の建角身命が孫に向かって父に酒を飲ませるように言ったところ、孫は天井を突き破って天に昇って行ったと語られている。結局のところ父の正体は分からないままであるが、孫を「可茂別雷命」と名づけたこと、母の玉依姫が丹塗矢に感応して懐妊していることなどから考えて蛇神であったと想像される。なぜなら、「雷」「矢」「蛇」は神話においては連想の上で繋がっているからである。

歴史的に見て、これは賀茂氏族の由来を語るものとみることができる。この点も、この伝説を考える上で重要である。

◆「夢野の伝説」摂津国（『釈日本紀』所載）

雄伴の郡。夢野がある。土地の父老が伝えて言うには、昔、刀我野に牡鹿がいた。その本妻の牝鹿はこの夢野に居て、その二人目の妻の牝鹿は、淡路国の野嶋に居た。その牡鹿は、頻繁に野嶋に通っていた。二人目の妻と愛し合っていることは比べるものがなかった。〔ある時、〕ちょうど牡鹿は、この本妻の許にやって来て一夜を過ごした。夜が明けた早朝、牡鹿が本妻に語って言うには「今夜の夢に、私の背に雪が零り積もったのが見えた」といった。また言うには「すすきが群生しているのが見えた。この夢は、何の前触れだろうか」といった。本妻は、夫がまたもや二人目の妻のところに会いに行くのを憎んで、でたらめの夢占いをして言うには「背中の上に草が生えるのは、矢が〔あなたの〕背の上を狙っている前触れです。また、雪が降るのは、塩を杵で突いて、宍肉に塗る前触れです。あなたが、淡路の野嶋に渡るなら、きっと船人に遭遇し、海中で矢に射られて死ぬでしょう。決して、どうか二度と行かないで下さい」といった。〔しかし〕その牡鹿は、恋しい気持ちに負けて、また野嶋に渡り、海上でたまたま航海していた船に遭遇し、とうとう矢で撃たれて死んだ。そこで、この野を名づけて夢野といった。土地の言い伝えでは「刀我野に立っている真牡鹿も〔狩人に矢で射られることよ。〕」、夢占い通りに〔身を滅ぼした〕」と言っている。

❖雄伴の郡。夢野あり。父老の相伝へて云はく、昔、刀我野に牡鹿ありき。その嫡の牝鹿はこの野に居り、その妾の牝鹿、淡路の国の野嶋に居りき。その牡鹿、しばしば野嶋に往きき。妾と相愛しみすること比ひなし。すでにして、牡鹿、嫡のところに来て宿りき。明くる旦、牡鹿、その嫡に語りて曰はく「今夜の夢に、吾が背に雪零りおけりと見き」といひき。また曰はく「すすき、村生ひたりと見き。この夢は何の祥ぞ」といひき。その嫡、夫のまた妾のところに向かむことを悪み、すなはち詐り相せて曰はく「背の上に草生ふるは、矢、背の上を射る祥なり。また、雪零るは、塩を舂き、宍に塗る祥なり。汝、淡路の野嶋に渡らば、必ず船人に遇ひ、海中に射死されなむ。ゆめ、な復往きそ」といひき。その牡鹿、感恋に勝へず。また野嶋に渡り、海中に遭に行く船に逢ひき。つひに射死されき。かれ、この野を名づけて夢野と曰ひき。俗の説に云はく「刀我野に立てる真牡鹿も、夢相のまにまに」といひき。

✻ 夢野は現在の兵庫県神戸市兵庫区夢野町あたりとされている。野嶋は淡路市野島のあたり。野嶋は『万葉集』にも、

玉藻刈る　敏馬を過ぎて　夏草の　野島の崎に　船近付きぬ

（巻三・二五〇番、柿本人麻呂）

と詠まれているように、律令官人にもよく知られた所であった。

さて、この伝説は夢野と野嶋に妻を持つ鹿が、夢相（夢占い）の通り船人に矢で射られて殺されてしまったという出来事が由来となって「夢野」と名づけられたという地名の起源を語るものである。この伝説の珍しさは、最後に鹿を射た船人が登場する

ものの、終始一貫して鹿が話の中心になっている点にある。この類話が『日本書紀』仁徳天皇三十八年条にある。その伝説の舞台は菟餓野である。この所在地については夢野説や大阪市北区説などがあって定説がない。また淡路島の野島は出てこないなどの違いがあるが、風土記とほぼ同じ「鳴く牡鹿も、相夢のまにまに」という諺が末尾に付されており、摂津国でよく知られた伝説であったと考えられる。これらの伝説については供犠儀礼との関わりも指摘されている。

神話や伝説において「夢」が重要な役割を果たすことはしばしばあり、「夢のお告げ」や「夢占」によって神意が伝えられる。未開社会において夢が大きな意味を持ち、それに実在性を感じていたことはレヴィ・ブリュルが論じたところである（『未開社会の思惟』）。また、フロイトの精神分析学やユングの分析心理学の研究によって、神話と夢との間に少なからぬ共通点があることが指摘されて以来、神話の深層心理学的研究が注目を浴びるようになったことはよく知られている。そこで、この伝説を精神分析学的な視点からみると、夢野の牝鹿は、牡鹿（私・第一者）と野島の牝鹿（恋人・第二者）の間に割って入る検閲者（第三者）だとも言える。このように解釈すると、恋の三角関係というよりも、牡鹿（私・第一者）の倫理観もしくは罪を問う伝説であるという考え方も成り立つ。もしこの考え方が成り立つならば、これは、たとえばイザナキ・イザナミ神話に見られるように、日本の神話や伝説が二者関係を基本とするのに対して、二者の間に割って入る第三者が存在するという、日本では珍しいタイプの伝説だと言える。そしてそれを、擬人化された動物の物語としているところに日本文化独特の問題が存在しているのかもしれない。

◆「伊勢の国の伝説」伊勢国（『万葉集註釈』所載）

伊勢の国は、天の御中主尊の十二世の子孫である、天の日別命が平定した地である。

初め天の日別命は、神武天皇（神和磐余彦天皇）が西の日向の宮から東の国を征伐された時、天皇につき従って、紀伊の国の熊野の村に到着した。その時〔現れた〕金〔に輝く〕烏の導きに任せて国中にお入りになり菟田の下県に到着された。天皇が、大部の日臣命に命令しておっしゃることには「逆賊である生駒の長髄をすみやかに打ち懲らしめよ」とおっしゃった。また天の日別命に命令して「〔大和から〕遠く離れたところに国がある。その国を平定せよ」とおっしゃった。そういって将軍の証となる剣を与えられた。

天の日別命は、天皇のご命令を奉じて、東に分け入ること数百里であった。その村に神がいた。名を伊勢津彦といった。天の日別命が尋ねて「お前の国を天孫に献上する気持ちはあるか」と言った。答えて「私はこの国を探し求め、居を定めて住むこと久しい。どうして命令を聞けようか」と言った。天の日別命は軍勢を進めてその神を誅滅しようとした。その時、恐れ伏して恭しく「私の国はすっかり天孫に献上いたします。私はもはやこの国に居りはしません」と言った。天の日別命は「お前が去って行く時を、何をもってそれだとすればよいか」と尋ねさせた。恭しく「私は、今夜を期して、八方に風を起こして海水を巻き上げ、波に乗って東の彼方に進みます。これが退去する証しです」と答えた。天の日別命は、兵士を整列させてその様子を窺っていた。真夜中になって、大風が四方から起こり、波を巻き上げ稲光が走る様子は日が差すようであり、大地も海もすべてその光に照らされた。そしてついに〔伊勢津彦は〕波に乗って東に去って行った。

古い言い伝えに「神風の伊勢の国は、常世の浪が寄せる国だ」というのは、あるいはこのことを指して言うのだろうか。

❖それ伊勢の国は、天の御中主尊の十二世の孫、天の日別命の平らぐところ。はじめ天の日別命は、神倭磐余彦の天皇、かの西の宮よりこの東の州を征ちたまひし時、天皇に随ひ、紀伊の国の熊野の村に到りき。時に金なる烏の導きの随に中州に入りまし、菟田の下県に到りましき。天皇、大部の日臣命に勅して曰りたまはく「逆党胆駒の長髄を早く征ち罰ふべし」とのりたまひき。

また、天の日別命に勅曰りたまはく「国、天津の方にあり。その国を平ぐべし」とのりたまひき。すなはち標の劒を賜ひき。天の日別命、勅を奉り、東に入ること数百里なりき。その邑に神あり、名を伊勢津彦と曰ひき。天の日別命、問ひて曰はく「汝の国、天孫に献るや」といひき。答へて曰はく「吾、この国を覓ぎ、居住むこと日久し。命を聞敢へず」といひき。天の日別命、兵を発してその神を戮さむとしき。時に、畏み伏し啓して曰はく「吾が国は悉く天孫に献る。吾は敢へて居らじ」といひき。天の日別命、問はしめて云はく「汝の去る時、何を以てか験と為さむ」といひき。啓して曰はく「吾、今夜を以ちて、八風を起し、海水を吹き、波浪に乗りて東に入らむ。こはすなはち吾が却る由なり」といひき。天の日別命、兵を整へて窺ひき。中夜に及り、大風四に起り、波瀾を扇挙げ、光耀くこと、日のごとく、陸国も海も共に朗かなりき。遂に波に乗りて東にゆきき。

古語に云はく「神風の伊勢の国、常世の浪寄する国」といふは、けだしこの謂ならむや。

✻ この伝承は記紀にはみられず、神武天皇の東征伝承を考える上でも興味深く、国譲り神話との共通点もある。この伊勢津彦の伝承を整理してみると、

(一) 天の御中主尊の十二世孫、天の日別命が、神武天皇に従い大部の日臣命とともに東征に参加する。

(二) 神武天皇の命により、天の日別命が東国に進出し、伊勢の地にたどり着くとそこに伊勢津彦が鎮座していた。

(三) 天の日別命は武力を背景として国を譲ることを伊勢津彦に迫り、伊勢津彦はそれに応じて東国に退去することを約束する。

（四）伊勢津彦が退去した時の様子は、大風が四方より起こり、波が立って光が輝くこと昼のようであり、伊勢津彦は波に乗って東に去った。

（五）伊勢の国の古い称辞に関する編者のコメント。

となり、このうち（一）は、記紀にも記されている神武天皇東征伝説の異伝であり、記紀には記されていない天の御中主尊の十二世孫、天の日別命が登場することに特徴がある。（二）～（四）が、伊勢津彦の国譲り伝説である。この（二）～（四）が、風土記独自の伝説となっている。（五）は、「神風の伊勢」という称辞の由来をこの伝承に求めた語り手もしくは編者のコメントである。この古語「神風の伊勢の国、常世の浪寄する国」は、『日本書紀』（垂仁天皇紀）の中で、天照大御神が鎮座するに相応しい土地を求めて伊勢の国までやってきた時、この国の美しさを称えて言った言葉とほぼ同じであり、この称辞にまつわる異伝とも言える。

さて、右にも述べたように、この伝承の中心は（二）～（四）であるが、ここに登場するもともと伊勢の地にいた伊勢津彦とは、どのような神として信仰されていたのであろうか。それを知る手がかりは「八風を起し、海水を吹き、波浪に乗り」退去したとあるように、暴風とともに東国に退去したところにある。（五）にも記されているように、伊勢にかかる枕詞は「神風」である。なぜ神風が伊勢にかかり、それが伊勢津彦の信仰とどう関係しているのだろうか。そこで考えておかなければならないのが風の神に対する信仰である。

古代の風神としては龍田の神がよく知られている。龍田の神の信仰は、農耕生産の無事安泰に関係するという説（青木紀元）もあり、風の神は農耕と深い関わりがあると考えられる。このようなことを踏まえて伊勢津彦の信仰をみていくと、やはり農耕生産と関係が深いように思われる。この土地の地理的位置と自然環境をみてみると、伊勢平野は秋から冬にかけて西に聳える鈴鹿山脈から吹き下ろす強い季節風の通り道にあたる。そしてこの冬の季節風は、この地の名産「伊勢沢庵」作りに欠かせない恵みの風でもある。その一方で、伊勢は毎年のように南から日本列島に沿って北上してくる台風の直撃を受けて大災害に見舞われる土地でもある。つまり、この地は、古くから風がもたらす豊かな自然の恩恵を受けつつも、台風の上陸によって農作物や生活に甚大な損害を受け続けてきたのである。伊勢に吹く風は、そこに住む人間にとって恩恵と被害という相反する結果をもたらす両義的な意味を持っていた。ここに風の信仰が生まれてくる理由があったと考えられる。伊勢国風土記逸文の伝承をあらためて見てみると、風と波の力強さとともに去っていく伊勢津彦は、まぎれもなくこのような風のすさまじさを体現しているのであり、この神はまさしく風の神であったと思われる。

伊勢津彦命の伝承と信仰は、このような伊勢の自然的、地理的環境を背景において
はじめて理解されるように思う。

◆「伊香小江の伝説」（参考）近江国（『帝王編年記』所載）

近江の国伊香の郡。与胡の郷。伊香の小江は、郷の南にある。天上界の八人の乙女が、みんな白鳥の姿に身を変えて、天上界から〔地上に〕下って、余呉の湖の南の渡し場で水浴びをした。〔たまたま〕その時、伊香刀美〔という男〕が、西の山にいてはるか遠くから白鳥〔が水浴びしている ところ〕を目撃した。その容姿はこの世のものと思えないほどの不思議さであった。そこで、「もしかしたらこれは神が人に姿を変えたものではないか」という疑いを胸に抱いた。〔その場所に〕行って〔姿を〕確かめてみると、なるほど神人に〔違いなかった〕。たちまち、伊香刀美〔の心〕に、艶めかしい情意が湧き起こり、到底立ち去ることができなかった。〔乙女たちに悟られないように〕こっそりと白い犬を近づかせて天衣を盗み取らせ、一番若い乙女の衣を手に入れて隠した。天女たちはすぐにそれに気づき、その年長の七人〔の乙女たち〕は天上界に飛び昇っていった。〔ところが、天衣を奪われた〕一番年下の天女は〔ただ〕一人、どうしても飛び去ることができなかった。天上界に帰る路は永遠に塞がれて、〔やむなく〕地上の人となった。天女〔たち〕が水浴びをした浦を、今、神の浦と言う理由はこの言い伝えに基づいている。伊香刀美は、天女の末娘と一緒に一家を構えてここで暮らし、とうとう男の子と女の子を生んだ。男二人、女二人であった。兄の名は意美志留、弟の名は那志登美、姉は伊是理比咩、妹の名は奈是理比売と言い、この子どもたちは伊香連等の先祖である。その後、母は、〔とうとう〕天の羽衣を見つけ出し、それを着て天上界に帰り昇っていった。伊香刀美は、ただ独り妻がいなくなった空っぽの寝床を一人で温め、〔恋しさのあまりに〕歌を詠み続けていた。

❖近江の国伊香の郡。与胡の郷。伊香の小江。郷の南にあり。天の八女、ともに白鳥となり、天より降りて、江の南の津に浴みき。時に、伊香刀美、西の山にありて遥かに白鳥を見つ。その形奇異し。よりて、もしこれ神人かと疑ひき。往きて見るに、まことに神人なりき。ここに、伊香刀美、やがて感愛を生し、え還り去らざりき。ひそかに白き犬を遣りて天衣を盗み取らし、弟の衣を得て隠しき。天女、すなはち知り、その兄七人は天上に飛び昇りき。その弟一人はえ飛び去らざりき。天路永く塞れ、すなはち地民となりき。天女の浴みし浦を、今、神の浦と謂ふはこれなり。伊香刀美、天女の弟女と共に室屋をなしてここに居り、つひに男女を生みき。男二人、女二人なり。兄の名は意美志留、弟の名は那志登美、女は伊是理比咩、次の名は奈是理比売、こは伊香の連等が先祖、これなり。後、母、すなはち天の羽衣を捜し取り、着て天に昇りき。伊香刀美、独り空しき床を守りて、唫詠めすること断えざりき。

✽この伝説の舞台である近江国伊香郡は、現在の滋賀県長浜市のあたりで、伊香の小江とは琵琶湖の北端に接する余呉湖のことである。これについては、奈良時代の風土記から採集されたものではない、存疑逸文とされているものの一つである。しかしながら内容的に興味深い伝説である。

さて、この伝説は次項で取り上げる丹後国風土記逸文の「奈具社(なぐのやしろ)の伝説」と同じく、白鳥伝説、羽衣伝説、天人女房譚(たん)などと呼ばれているタイプに属するものである。白鳥伝説は世界各地に分布しており、比較神話学の立場からも注目されている。日本における天人女房譚は、その内容から別離型・天上訪問型・七夕結合型に分類されているが（『日本昔話事典』）、この伊香小江の伝説は、女房が天の羽衣を捜し出して天上界へ帰っていくという別離型に属していると言える。さらにこの伝説は、神(かみ)の浦(うら)の地名起源や伊香の連(むらじ)の縁起譚という要素が含まれており、単純に羽衣伝説と言えない面もある。

ところで、羽衣伝説に限らず人間と異類が結婚する伝説を見渡してみると、その結末が別離で終わるものが多いが、注意すべきは、何らかの約束を破ったり、この伝説のように大切なものを盗んだりした側の登場人物が「罪」を問われることがないということである。これは、きわめて日本的な特徴であるように思われる。たとえば、「見るな」という約束を破ったイザナキや鶴女房の夫、羽衣を盗んだ男や老夫婦などがそれにあたる。この問題は、日本文化の価値観を考える上でも重要な課題である。これについては、次項の解説において説明してみたいと思う。

◆「奈具社の伝説」丹後国（『古事記裏書』・『元元集』所載）

丹後の国、丹波の郡。郡家（役所）の西北の端に比治の里がある。この里の比治山の頂上に井戸があって、名を真奈井という。今はとっくに沼となっている。この井に八人の天女が降ってきて水浴をした。その時、老夫婦がいて――名を和奈佐の老夫、和奈佐の老婦という――この老夫婦が、この井にやってきて、見つからないように天女の一人分の衣裳を盗み出して隠してしまった。そこで、衣裳がある者はみんな天上界に飛び上がっていった。ただ、衣裳のない女娘が一人だけ〔飛ぶことができずに〕地上に留まったまま、体は水〔の中〕に隠して、たった独りで恥ずかしい思いをしていた。

この時、老夫が、天女に対して「自分たちには子どもがいない。だから天女よ、私たちの子どもになってくれ」と言った。天女が答えて言うには

「私一人だけが人間世界に留まることになりました。従わないわけにはいきません。どうか衣裳を返してください」と頼んだ。すると老夫は、「天女よ、どうして欺こうとするのだ」と言った。天女が言うには「すべて天人の志は、嘘偽りのないことを大本にしています。どうして疑り深く衣裳を返してくれないのですか」と言った。老夫はそれに答えて、「疑う心が大きく本当の心がないのは人間の世の常だ。こんな訳で返さないと言っただけだ」と言ったが、結局は衣裳を返して、天女を連れて家に帰った。こうして同居して十年余りが過ぎた。

さて、天女は上質の酒を醸造し、それを一坏飲むとあらゆる病が治り、その酒で得た財産を車に積んで送った。そして、その家は豊かに富み、その土地も肥えた豊かな土壌となった。だから「土形の里」と名づけた。それを中昔から現在に至って比治の里と呼んでいる。

その後、老夫婦が、天女に言うことには「お前は私たちの〔本当の〕子どもではない。少しの間仮住まいをしていただけだ。さあとっとと出て行ってくれ」と言った。それを聞いた天女は、空を仰ぎ見て声を上げて憂え泣き、地に俯して悲しみ嘆いて老夫たちに「私は自分から進んでここに来た訳ではありません。それはあなたたちが願ったことです。どうして〔今さら〕、疎ましい心を起こしていきなり追い出すようなひどい仕打ちをしようというのですか」と言った。すると老夫はさらに激しく怒って、出て行ってくれと言った。天女は泣く泣く門を出て、郷の人に向かって「長らく人間世界に浸って、もはや天の世界に還ることができません。それに、親も縁故の人もなく、どうして暮らしていけばいいのかも分かりません。いったい私はどうすればいいのでしょうか」といって、あふれる涙を拭って嘆き、空を仰いで歌った。

天の原　ふり放け見れば　霞立ち　家路まどひて　行方知らずも
(天の原を　はるか仰いで見ると　そこには霞がかかって　わが家へ
帰る道に迷い　どこへ行けばいいのか分からない)

とうとう郷から立ち去り荒鹽の村にたどり着いて村人たちに「老夫と

老婦の心を思うにつけて、私の心は、苦く辛い塩の味と同じようなものです」と言った。だからその村を比治の里の荒鹽の村と言うようになった。また、丹波の里の哭木の村にたどり着き、槻の木に寄りかかって泣いた。だから、哭木の村と言うようになった。さらに、竹野の郡船木の里の奈具の村にたどり着き、村人たちに「ここまでやって来て、私の心は癒されました」と言って、やっとこの村に落ち着くことができた。この天女は、いわゆる竹野の郡の奈具の社に鎮座している豊宇賀能売命のことである。

❖丹後の国丹波の郡。郡家の西北の隅の方に比治の里あり。この里の比治山の頂に井あり。その名を真奈井と云ふ。今はすでに沼と成れり。この井に天女八人降り来て水浴みき。時に老夫婦あり。その名を和奈佐の老夫・和奈佐の老婦と曰ふ。この老等、この井に至りて、窃かに天女一人の衣裳を取り蔵しき。すなはち衣裳ある者は皆天に飛び上りき。但、衣裳なき女娘一人留まりて、すなはち身は水に隠して、独り懐愧ぢ居りき。

ここに、老夫、天女に謂りて曰ひしく、「吾は児なし。請ふらくは、天女娘、汝、児となりませ」といひき。天女、答へて曰ひしく、「妾独り人間に留まりぬ。何ぞ敢へて従はざらむ。謂ふらくは衣裳を許したまへ」といひき。老夫曰ひしく、「天女娘、何ぞ欺く心あらむ」といひき。天女云ひしく、「凡て天人の志は、信を以ちて本となす。何ぞ疑心多くして、衣裳を許さざる」といひき。老夫答へて曰ひしく、「疑ひ多く信なきは率土の常なり。故、この心を以ちて許さじとなすのみ」といひて、遂に許して、すなはち相副へて宅に往き、すなはち相住むこと十余歳になりき。

ここに、天女、善く醸酒を為りき。一坏飲めば、吉く万の病除ゆ。その一坏の直の財、車に積みて送りき。時に、その家豊かに、土形富みき。故、土形の里と云ひき。此を中間より今時に至りて、すなはち比治の里と云ふ。

後、老夫婦等、天女に謂ひけらく、「汝は吾が児にあらず。暫しがほど借に住めるのみ。早く出で去くべし」といひき。是に、天女、天を仰ぎて哭慟へ、地に俯して哀吟しみ、すなはち老夫等に謂曰ひしく、「妾は私意を以ちて来つるにあらじ。是、老夫等の願へるなり。何ぞ厭悪ふ心を発して、たちまちに出し去つる痛み存らむ」といひき。老夫、増発瞋りて去かむことを願ひき。天女、涙を流し、微しく門の外に退き、郷人に謂曰ひしく、「久しく人間に沈みて天に還ること得ず。復、親故もなく、居らむ由を知らず。吾、何にせむ、何にせむ」といひて、涙を拭ひて嗟歎き、天を仰ぎて歌曰ひしく、

　天の原　ふり放け見れば　霞立ち　家路まどひて　行方知らずも

遂に退き去きて荒鹽の村に至り、すなはち村人等に謂りて曰ひしく、「老夫老婦の意を思ふに、我心、荒鹽に異なることなし」といひき。よりて比治の里の荒鹽の村と云ひき。また、丹波の里の哭木の村に至り、槻の木に拠りて哭きき。故、哭木の村と云ふ。また、竹野の郡船木の里の奈具の村に至り、すなはち村人等に謂りて曰ひしく、「ここにして、我が心なぐしくなりぬ」といひて、すなはちこの村に留まり居りき。こは、謂はゆる竹野の郡の奈具の社に坐す豊宇賀能売命なり。

✲この伝説の舞台である丹波郡の比治の里は、現在の京都府京丹後市峰山町のあたり、比治山は同地の磯砂山と言われている。前項「伊香小江の伝説」に引き続き、これも羽衣伝説の一つである。

　これは現存する他の風土記に記された伝説と比べてみると異例の長さであり、次に挙げる「浦嶼子」の伝説もまた長い説話である。このような例は、他の風土記には見かけることはできず、和銅六年（七一三年）の官命に基づいて編纂された中で、この風土記が他とは違う際立った特色を持った資料であったことを想像させる。

　さてこの伝説では、後半部分において他の羽衣伝説や天人女房譚とは異なった特色がある。それは天女の酒造りについて語られていることである。老夫婦の家で暮らすことになった天女は、酒造りが上手く老夫婦に富をもたらした。ここで注意したいのは、酒造りによる富は老夫婦だけにもたらされたのではなく、その里が「土形」と名づけられたように、その里に住む人々もみんな恩恵を受けていると考えられることである。このことは、伝説の最後に出てくる「豊宇賀能売命」、つまり食物神としての性格と関係があるだろう。

　ところで、富を得た老夫婦は、突如手のひらを返して「お前は我が子ではない。さっさと出ていけ」と言って天女を追い出してしまう。伝説や昔話に登場する異類婚姻譚でも、異類と人間との結びつきは最後には破綻を迎えることが多い。しかしながら、丹後国風土記の伝承のようにあからさまに追い出す伝説は珍しいと言える。老夫婦はなぜ天女を追い出したのであろうか。

ここではあまりこの問題を深く論じることは避けるが、背景にあるのは老夫婦の罪悪感、あるいは後ろめたさだと考えられる。老夫婦は天女の衣裳を盗み、さらに拉致にも等しい強引なやり方で天女を自宅に住まわせている。これはどう考えても弁護の余地がない「罪」である。その後の天女の献身とそれによってもたらされた富は、結果として二人の罪意識を刺激することになったと考えられる。そして、その罪の重さに耐え切れなくなった二人は、天女の追い出しにかかったのではないだろうか。

追い出された天女は、荒塩の村から哭木の村へ、そして奈具の村へと彷徨い続けるが、その姿は、神話に登場する多くの悲劇的英雄の姿を彷彿とさせる。スサノヲ、ヤマトタケル、源義経など、追放されて去って行かねばならなかった神話や伝説の主人公の悲劇は、まことに日本人好みの物語である。天女が詠んだ歌、

天の原　ふり放け見れば　霞立ち　家路まどひて　行方知らずも

は、天女の悲しみを伝えて余りある。この伝説の奥底にあるのは、はかなく去っていくことを美しいとする日本文化の中にある根強い価値観である。その上で、さらに考

えなければならないことは、「罪」を犯した側が咎められないという結末から見えてくる「罪悪感」の問題である。はかなく美しいものの陰に寄り添うようにして見え隠れしている「罪悪感」の問題を考えることは、古典文学研究にとっても日本文化研究にとってもこれからの重要な課題である。

◆「浦嶼子の伝説」（その一）丹後国（『釈日本紀』所載）

与謝の郡、日置の里。この里に筒川の村がある。ここに住んでいる人々〔である〕、日下部首たちの先祖、〔その〕名は筒川の嶼子と言い伝えてきた。〔嶼子の〕人となりは、その姿も顔立ちもひときわ美しく、洗練された都風であることは他に比べる者がなかったという。これが、いわゆる水江の浦の嶼子だ。ここで語る言い伝えは、元の〔丹波の〕国司、伊預部の馬養の連が書き記した伝承と全く相違はない。そこで、おおまかな内容を述べていく。

雄略天皇（長谷朝倉宮天皇）の時代、〔この筒川の〕嶼子が、たった一人で小さな船に乗って海に漕ぎ出して魚釣をした。三日三夜が過ぎても、一匹の魚すら釣り上げることができなかった。〔しかしながらその後〕すぐさま五色の亀が釣れた。〔嶼子は〕内心めったにない奇妙なことだと思い船の中に置いたまま寝ると〔嶼子が眠っている間にその亀が〕、あっという間に人間の女になった。その顔かたちは美しく端整で、この女の美しさもまた比べるものがなかった。嶼子が尋ねて「人里からはるか遠く離れて、この広い海には人一人いない。いったい誰がこのように突然姿を現したのです」と言うと、乙女は微笑みながら答えて言うには「魅力的なお方が一人で青海原を漂っていらっしゃいますのを〔はるか空の上から見て〕、この方のおそばでお話がしたいという気持ちを抑えきれず、風雲に身を任せてやって来ました」といった。嶼子は、さらに尋ねて「風雲はいったいどこからきたのですか」というと、乙女が答えて「〔遥か彼方の〕天上界に住む仙家の者です。お願いですから、あなた、どうか怪しく思わないで下さいね。さあ、二人で〔甘い〕お話をささやき合って愛して下さい」といった。わけを聞いて嶼子は、〔目の前にいる乙女が〕神の女であることに気がついて、警戒心と恐れの心が生まれて疑った。乙女が語って言うには「私の想いは、天と地が尽きるまで、月日が絶え果てる時まであなたとともに居ることです。ただ、あなたはどう思いますか。私の想いを聞き届けるかどうかを早く教えて下さいませ」といった。嶼子はそれに答えて「これ以上、お尋ねすることは何もありません。あなたの想いをしっかり受け止めましょう」と言った。〔それを聞いて〕乙女が「あなた、船の棹を廻して蓬山に行きましょう」といった。嶼子が乙女に従って行こうとすると、乙女は嶼子を教え導いて眠らせた。すると、瞬く間に海の中の大きく広い島にたどり着いた。

その土地は、あたかも〔美しい〕玉を敷いているようである。門は〔あたりに〕高々と聳えて影を落とし、高殿はまばゆく輝いていて、見たことも聞いたこともない世界である。〔嶼子と乙女は〕手に手を取ってゆっくり歩いて、一つの大きな家にたどり着いた。乙女が言うには「あなた、しばらくの間ここで立って待っていて下さい」といって、門を開いて屋敷の中に入っていった。すると、七人の子どもたちが来てお互いに話し合って言うには「このお方は亀比売のお婿さんだよ」といった。また、八人の子どもたちが来てお互いに話し合って言うには「このお方は亀比売のお婿さんだよ」といった。それを聞いて、乙女の名が亀比売だということが分かった。さて乙女が出てきたので、嶼子が子どもたちのことを話すと、乙女は「その七人の子どもたちはスバル星です。その八人の子どもたちはアメフリ星です。あなた、どうか〔ここはかなり〕変だと思わないで下さいね」といった。

そこで嶼子の前に立って案内し、家の中に入っていった。乙女の父と母が二人で迎え、うやうやしく拝礼して座に着いた。そのようにしてから、人間世界と仙人界の〔そもそもの〕違いを説明し、人と神とが思いもかけず出会った喜びをこと細かに話した。そこで、あふれるほどの美食でもてなし、兄弟姉妹たちもお互いに杯を挙げて酒を酌み交わし、隣りの里の幼い子どもたちも、〔あどけない〕紅顔で無邪気に寄り添っていた。仙境の歌は凜と響き、神の舞は〔官能的で〕しなやかであった。その夢心地の宴は、人間世界と到底比べられないものだった。こうして、日の暮れるのも忘れ、ただ黄昏時になって、集まった仙人たちもようやく一人また一人と辞してゆき、つまるところ乙女だけがたった独りでそこに留まった。〔嶼子と乙女は〕お互いに肩を寄せ合い、袖を交わして、夫婦の契りを結んだ。

❖与謝の郡、日置の里。この里に筒川の村あり。ここの人夫、日下部の首等が先祖、名は筒川の嶼子と云ひき。人となり、姿容秀美しく、風流類なかりき。こは、所謂水江の浦の嶼子ぞ。これ、旧の宰伊預部の馬養の連が記せるに相乖くことなし。故、略の所由の旨を陳べむ。

長谷朝倉の宮に御宇しめしし天皇の御世、嶼子、ひとり小船に乗りて海中に汎び出でて釣しき。三日三夜を経るも、一つの魚だに得ざりき。すなはち五色の亀を得つ。心に奇異しと思ひ船の中に置きて、すなはち寝ぬ。たちまち婦人となりき。その容美麗しく、また比ふべきものなし。嶼子、問ひて曰く「人宅遥遠にして、海庭に人乏し。詎の人かたちまちに来つるや」といへば、女娘、微咲みて対へて曰く「風流之士、ひとり蒼海に汎べり。近く談らはむに勝へず、風雲に就きて来つ」といひき。嶼子、また問ひて曰く「風雲はいづれの処よりか来たりつ」といへば、女娘答へて曰く「天上の仙の家の人なり。請らくは君な疑ひそ。相談らひて愛しみたまへ」といひき。

ここに嶼子神の女なることを知りて、慎み懼ぢ心に疑ひき。女娘、語りて曰く「賤妾が意は、天地の共畢へ、日月の倶極まらむとおもふ。ただ、君は如何に。許不の意を早先」といひき。嶼子答へて曰く「更に言ふことなし。何ぞ懈らむや」といひき。女娘曰ひしく「君棹を廻らして蓬山に赴かさね」といひき。嶼子従きて往かむとしき。女娘教へて目を眠らしめき。すなはち不意の間に海中の博く大きなる嶋に至りき。

その地は玉を敷けるがごとし。闕台は晻映く、楼堂は玲瓏きて、目に見ざりしところ、耳に聞かざりしところなり。手を携へて徐に行きて、一つの大き宅の門に到りき。女娘の曰ひしく「君、しましここに立ちませ」といひて、門を開きて内に入りき。すなはち七たりの豎子来たりて相語りて曰はく「こは亀比売の夫なり」といひき。また、八たりの豎子来たりて相語りて曰はく「こは亀比売の夫なり」といひき。ここに、女娘の名、亀比売なることを知りぬ。すなはち女娘出で来たれば、嶼子、竪子が事を語るに、女娘の曰はく「その七たりの竪子は昴星なり。その八たりの竪子は畢星なり。君、な恠みそ」といひき。すなはち前立ちて引導き、内に進み入りき。女娘の父母、共に相迎へ、揖みて坐定りき。ここに、人間と仙都との別を称説き、人と神と偶に会へる喜びを談議ひき。すなはち、百品の芳しき味を薦め、兄弟姉妹たち、坏を挙げて献酬し、隣の里の幼女ども、紅の顔して戯れ接れり。仙の歌は寥亮に、神の舞は逶迤なり。その歓宴をなすこと、人間に万倍れり。ここに、日の暮るることを知らず、ただ黄昏の時、群たる仙侶たち、漸々に退り散け、すなはち女娘独り留まりき。肩を双べ、袖を接へ、夫婦之理をなしき。

✲この伝説の舞台である与謝郡の日置の里とは、現在の京都府宮津市であり筒川の村は、海から船で直接家に出入りできる舟屋が立ち並んでいることで有名な伊根町とされている。

さて、これは文献資料に記された浦島伝説としては最も古いものの一つである。浦島伝説は、基本的には『古事記』の山幸彦神話にみる海神宮訪問と同じタイプであると考えられるが、奈良時代にはすでにいくつかの異伝が存在していた。この丹後国風土記逸文に収められた伝説についても、本文の中で「旧の宰伊預部の馬養の連が記せるに相乖くことなし」と述べられているようにすでに先行する伝説があったことが分かる。また、この伝説が「長谷朝倉の宮に御宇しめしし天皇の御世」の出来事、つまり雄略天皇時代の話として語られていることは、『日本書紀』雄略天皇二十二年秋七月の記事に載せられている浦島伝説の、

丹波国余社郡筒川の人水江浦島子、舟に乗りて釣りし、遂に大亀を得たり。便ち女に化為る。是に浦島子、感でて婦にし、相逐ひて海に入り、蓬莱山に到り、仙衆に歴り観る。語は別巻に在り。（小学館『新編日本古典文学全集』による）

という内容と、概略的ではあるがほぼ一致しており、『日本書紀』と風土記に記された浦島伝説は、同一もしくは極めてよく似た異なる伝承であった可能性がある。それは何らかの文献資料であったかもしれない。また『万葉集』巻九にも、高橋虫麻呂が浦島伝説を詠んだ長歌と反歌が収められており、この伝説が奈良時代において広く知られていたことが分かる。

ところで、これら奈良時代の伝説では、現在よく知られている助けた亀が恩返しの

ために浦島を竜宮城に案内するという、いわゆる動物報恩型のモチーフは含まれていない。現在一般に知られている浦島太郎の物語は、明治時代になって童話作家の巌谷小波（一八七〇〜一九三三）が、室町時代の御伽草子「浦島太郎」などに基づいて再話し、童話集『日本昔噺』に収めたものから広がったものである。

ところで、現在普及している童話「浦島太郎」と、丹後国風土記逸文に残された伝説を比べてみると右に挙げた前半部だけでも、

（1）釣り上げた亀は五色の色をしていた。
（2）浦島子が寝ている間に亀が女性に化身した。
（3）その女性は、天上の仙家の者だと答えた。
（4）その女性に誘われて眠っている間に海中の蓬山に連れて行かれた。
（5）子どもたちがやって来て、その女性が「亀比売」であることを告げた。
（6）亀比売の親族を交えた宴が始まり、やがて浦島子と亀比売は夫婦の契りを交わす。

など、およそ同じ伝説とは思えないほどの違いがある。丹後国風土記逸文の浦島伝説では、「仙家」「蓬山」「昴星」「畢星」などの神仙思想に基づく語句や、五行思想に基づくと思われる「五色の亀」などが含まれており、かなりの程度、中国古代思想の影

響を受けていることが分かる。そのような中国思想を取り入れた結果として大幅な書き換えがなされ、本来的な海神宮訪問という展開が見えにくくなってしまっている。このような改変が、どうしておこなわれたかについては諸説あるが、今のところ納得できるものはなく、今後の研究課題となっている。このように中国思想によって彩られた前半部に対して、後半部では本来的な浦島伝説の展開が残されている。それについては次項で解説する。

◆「浦嶼子の伝説」（その二）丹後国

さて嶼子が故郷のことを忘れて仙人の世界で楽しみ過ごすこと、すでに三年が過ぎた。にわかに故郷を懐かしく思う心が湧きおこり、たった一人で両親のことを恋しく思った。すると、悲しむ気持ちがしきりに起こり、嘆く心が日を追うごとに募ってきた。〔その様子を見た〕乙女が尋ねて「近頃、あなたの顔を見ると、いつもとは様子が違っています。どうかその胸の内を聞かせて下さい」といった。嶼子が答えて「古の人の言葉に『平凡な人というものは自分の故郷のことを懐い、死んだ狐も〔棲み処のある〕岡に首を向ける』とあります。私は、これを言葉だけのことだと思っていましたが、今は本当にその通りだと思っています」といった。乙女が〔さらに〕尋ねて「あなた、お帰りになりたいと思っているのですか」と言うと、嶼子が答えて「私は、親しい人たちが住む故郷を離れて、縁遠い神仙の世界に入ってしまいました。〔両親と故郷を思う〕恋しい気持ちに耐えられません。これは軽はずみな気持ちを述べました。できることなら、しばらく故郷に帰って両親のご機嫌を伺いたいと思います」といった。乙女は涙を拭い歎いて言うことには「心は〔永遠の〕金石と同じように、二人でいつまでも添い遂げましょうと約束したのに、どうして故郷を恋しく思って急に私を捨てるのですか」といった。そこで手を携えて〔力なく〕歩きさ迷い、繰り言を言い合っては悲しみを募らせた。とうとう袂を別かって〔仙境を離れ人間界に往く〕分かれ道にたどり着いた。こうして、乙女の父母と親族も、ひたすら別れを悲しんで見送った。乙女は〔大切な〕玉匣を取って嶼子に手渡し語って言うには「あなた、ついに最後まで私を忘れないで、恋焦がれて帰って来ようと思うことがあれば、しっかり匣を握りしめて、決して開いて中を見ないで下さいね」といった。こうして、お互いに分かれて〔嶼子は〕船に乗り、そうして〔乙女は嶼子を〕眠らせた。

〔さて、目が覚めてみると嶼子は〕いきなり故郷の筒川の里に着いていた。そこで村〔の様子〕を眺め渡したところ、人も物も様子がすっかり変わってしまっていて、まったく〔実家の〕手がかりがなかった。そこで、里人に尋ねて「水江の浦の嶼子の家の人たちは、今どこに住んでいますか」といった。里人が答えて「あなたは、どこの人ですか。遠い昔の人のことを〔どうして〕聞くのですか。私が聞いているところによると、古老たちの言い伝えとして、『かなり昔に水江の浦の嶼子という者がいたということです。〔その男が〕たった一人海で楽しみ過ごして、二度と帰って来なかった。〔その時から〕今、三百年以上過ぎている』ということです。どうして急にそのことを聞くのですか」といった。すると〔嶼子は〕放心状態になって郷里を廻ってみたけれど、誰一人親しい人に会わず、はやくも十日が過ぎた。そこで、玉匣を撫でながら神の女のことを恋焦がれた。こうして嶼子は、先の日〔に二人で交わした〕約束を忘れて、いきなり玉匣を開けた。するとあっという間に、〔その玉匣の中に籠められている〕かぐわしい姿が、風雲に乗って天に駆け上っていった。嶼子は〔それを見て〕、つまり約束に背いたために、もう二度と会うことが難しいと知り、あたりを見回して立ち尽くし、涙に咽んでふらふらと歩き回った。さて涙を拭って歌を詠んだ。

常世辺に　雲立ち渡る　水の江の　浦嶼の子が　言持ち渡る
(常世の辺りに雲が湧きあがる。水の江の浦嶼の子の言葉を持ち伝えている)

神の女ははるか遠くから美しい声を投げかけて歌った。

大和べに　風吹き上げて　雲放れ　退き居りともよ　我を忘らすな
(大和のあたりに風が吹き上げて雲が離れていくように別れ別れで居ようとも私を忘れないで下さい)

嶼子は、また恋しい思いに耐えきれずに歌った。

子等に恋ひ　朝戸を開き　我が居れば　常世の浜の　波の音聞こゆ
(娘子を恋しく思って朝戸を開いて私が見渡すと、常世の浜の波の音

が聞こえてくる）

後の時代の人は、〔この唱和に〕付け加えて歌った。

水の江の　浦嶼の子が　玉匣　開けずありせば　またも会はましを
（水の江の浦嶼の子が玉匣を開けずにいたならまた会うことができたのに）

常世へに　雲立ち渡る　多由女　雲は都賀末等（「多由女～都賀末等」までの読み方は定説がない。原文のままにしておく。）我ぞ悲しき
（常世の辺りに雲が湧きあがる「多由女　雲は都賀末等」私は悲しいことだ）

❖時に嶼子、旧俗を遺れて仙都に遊ぶこと、すでに三歳を逕ぬ。たちまちに土を懐ふ心を起こし、独り二親を恋ひき。かれ、吟哀繁りに発り、嗟歎日に益しき。女娘、問ひて曰はく「比来、君夫が貌を観るに、常時に異なれり。願はくはその志を聞かむ」といへば、嶼子、対へて曰はく「古の人言へらく『少人は土を懐ひ、

死ぬる狐は岳を首とす』といへり。僕、虚談と以へりしに、今は信に然なり」といひき。女娘、問ひて曰はく「君、帰らむと欲ほすや」といへば、嶼子、答へて曰はく「僕、近き親故き俗を離れて、遠き神仙の堺に入りぬ。恋眷しきに忍びず。すなはち軽しき慮を申べつ。望はくは、暫し本俗に還りて、二親を奉拝らむ」といひき。女娘、涙を拭ひ歎きて曰はく「意は金石に等しく、共に万歳を期りしに、何ぞ郷里を眷ひて捨て遺るることの一時なる」といひき。すなはち相携えて徘徊り、相談ひて慟き哀しみき。つひに袂を拚へして岐路に就きき。ここに、女娘の父母と親族と、ただ、別れを悲しみて送りき。女娘、玉匣を取りて嶼子に授けて謂ひて曰ひしく「君、つひに賤妾を遣れずして、眷ひ尋ねむとならば、堅く匣を握りて、ゆめ、な開き見給ひそ」といひき。すなはち、相分れて船に乗り、すなはち目を眠らしめき。

たちまちに本土の筒川の郷に到りき。すなはち村邑を瞻眺るに、人と物と遷り易りて、さらに由るところなかりき。ここに、郷人に問ひて曰はく「水江の浦の嶼子が家人、今何処にかある」といひき。郷人答へて曰ひしく「君、何処の人なる。

旧遠の人を問ふや。吾聞きつらくは、古老たちの相伝へて曰はく『先世に水江の浦の嶼子といふものありけり。独り蒼海に遊びて、また還り来ず。今、三百余歳を経たり』といひき。何ぞたちまちにこを問ふや」といひき。すなはち棄し心を銜きて郷里を廻れども一の親ものに会はず、すでに旬日を逕たり。すなはち、玉匣を撫でて神女を感思ひき。ここに嶼子、前の日の期を忘れ、たちまちに玉匣を開けぬ。すなはち未瞻の間に、芳蘭き体、風雲に率ひて蒼天に翩飛けりき。嶼子、すなはち期要に乖違ひて、また会ひ難きことを知り、首を廻して踟蹰み、涙に咽びて徘徊りき。ここに涙を拭ひて歌ひて曰ひしく、

　常世辺に　雲立ち渡る　水の江の　浦嶼の子が　言持ち渡る

神女　遥かに芳しき音を飛ばして、歌ひて曰ひしく、

　大和べに　風吹き上げて　雲放れ　退き居りともよ　我を忘らすな

嶼子、また恋望に勝へずして歌ひて曰ひしく、

　子等に恋ひ　朝戸を開き　我が居れば　常世の浜の　波の音聞こゆ

後時の人、追ひ加へて歌ひて曰ひしく、

水の江の　浦嶼の子が　玉匣　開けずありせば　またも会はましを
常世へに　雲立ち渡る　多由女　雲は都賀末等　我ぞ悲しき

✽後半部は、時間の経過を忘れて仙都での楽しく満ち足りた生活をしていた浦島子が、三年経ってにわかに故郷の両親のことを思い出すところから始まる。この「三年」という時間の経過は、海神宮訪問伝説や、多くの浦島伝説でも語られており、これが「二年」や「四年」として設定されていることはない。これに限らず、世界の神話・伝説をみても、「三年」「三人」「三種の神器」「三つの部屋」など、さまざまな形で「三」という数字が登場する。こうしてみると、神話や伝説において「三」は改変を許さないほど重要な意味を持つ数字であり、「三年」とは、神話や伝説の世界で揺るぐことがない絶対的な時間の経過を意味しているように思われる。

さて、浦島子は亀比売に帰郷の意思を伝え二人は涙ながらに別れることになるが、別れに際して亀比売は、開けてはいけないと言って夫に「玉匣」を渡す。「～してはいけない」というタブーは、これも世界中の神話や伝説に出てくるモチーフであるが、このタブーは必ず破られ、それが最終的な別離をもたらすことになる。ところで、多くの神話・伝説では、特に「見てはいけない」というタブーを破った者が見たものは、ほとんどが相手の正体である。たとえば「鶴女房」では、妻が機織りをしている場面を覗いた夫が見たものはまさに鶴であった。ところが、ここでは「芳蘭き体」が出てきて風雲と共に天上に昇って行き、それを見た浦島子は涙ながらに和歌を詠んでいる。その他、現在知られている浦島太郎の物語では、中から煙が出てきてそれを見た夫がにわかに老いる、あるいは息絶えるという結末になっている。ここにも浦島伝説の特異性が指摘できる。

この問題について、開けることを禁じられた玉匣の中に入っていたのは亀比売の本性、つまり亀であったとする説がある（浅見徹）。この見解は、たとえば『日本書紀』崇神天皇十年九月の三輪山型伝説の中に、倭迹迹日百襲姫のもとにやって来て契りを結んだ大物主神の正体が、姫の櫛笥の中にいた小蛇であったと述べられていることを思い起こすならば、妥当であると考えてよいだろう。しかしながら問題は、丹後国風土記逸文の浦島伝説が大幅に書き換えられていると思われるところにある。浦島子が女性とともに海中の仙家にやって来た時、子どもたちが「こは亀比売の夫なり」と言ったことによってすでに女性の正体はほとんど明かされたも同然であり、「開けてはいけない」というタブーと、それを破った結果として正体が露見するというこのタイプの伝説本来の筋書きが意味を持たなくなっているのである。なぜこのような書き換えがなされたのかは、今後さらに検討を重ねていく必要があるだろう。

この伝説のもう一つの特色は、伝説の結末で浦島子と神女（亀比売）が交わした贈答歌三首と、後人が追和した二首の和歌が添えられていることである。後人追和歌の一首目、

水の江の　浦嶼の子が　玉匣　開けずありせば　またも会はましを

は、『万葉集』巻九の『高橋虫麻呂歌集』所載「水江浦島子を詠む一首」の長歌に対する反歌、

常世辺（とこよへ）に　住むべきものを　剣太刀（つるぎたち）　己（な）が心から　おそやこの君（一七四一番）

の心情に通うものがある。全てを失った「おろかな男（おそやこの君）」に対する、呆（あき）れた思いと深い同情が「開けずありせば　またも会はましを」という表現の中に交錯している。仙女との甘美な快楽に溺（おぼ）れて、退屈ではあるけれど平穏な日常生活から見放された男の悲劇こそ、浦島伝説の心理的本質ではないだろうか。

◆「蘇民将来の伝説」備後国（『釈日本紀』所載）

疫隅の国社。昔、北の海に鎮座されていた武塔の神が、南の海神の娘のもとに求婚にお出かけになったところ、〔途中で〕日が暮れた。その土地に将来という二人がいた。兄の蘇民将来という男はたいへん貧しく、弟の将来という男は豊かで、家と倉を合わせると百を数えた。さて武塔の神が、一夜の宿を借りようとしたところ、〔弟は〕場所を惜しんで貸さなかった。〔しかしながら〕兄の蘇民将来はお貸しした。そこで、〔粗末な〕粟柄でもって武塔の神の座とし、〔粗末な〕粟飯などをもっておもてなしをした。武塔の神は、一夜を終えて出発なさった。その後、年が過ぎて、〔武塔の神が〕八柱の神の子を連れ添ってそこに戻ってきておっしゃることには「我は、将来に〔もてなしてくれた〕お返しをしよう。そなたの子や孫は、お前の家にいるか」とお尋ねになった。蘇民将来が答えて申し上げるには

「私には娘と妻がおります」といった。そこでおっしゃることには「〔娘に〕茅の輪を用いて腰の上に着けさせなさい」とおっしゃった。お言葉に従って着けさせると、その夜に蘇民の娘一人だけを除いて、みんなすっかり殺してしまった。そこでおっしゃることには「私は速須佐能雄の神である。後世もし流行り病が襲ってきたら、お前たちは、蘇民将来の子孫だと言って、茅の輪を用いて腰に着けていると、その人は病を逃れるだろう」とおっしゃった。

❖疫隅の国つ社。昔、北の海に坐しし武塔の神、南の海の神の女子をよばひに出でまししに、日暮れき。その所に将来二人ありき。兄の蘇民将来はいと貧窮しく、弟の将来は富饒みて、屋倉一百ありき。ここに、武塔の神、宿処を借りたまふに、惜しみて借さず。兄の蘇民将来は借し奉りき。すなはち、粟柄を以て座となし、粟飯らを以て饗へ奉りき。ここに畢りて出で坐しき。後に、年を経て、八柱の子を率て還り来たりて詔りたまはく「我、将来に報答せむ。汝が子孫その家にありや」と問ひ給ひき。蘇民将来、答へて申さく「己が女子と斯が婦と侍ふ」と申しき。すなはち詔りたまひしく「茅の輪を以て腰の上に着けしめよ」と詔りたまひき。詔の随に着けしむるに、即夜に蘇民の女子一人を置きて、皆悉に殺し滅ぼしてき。すなはち詔りたまひしく「吾は速須佐能雄の神なり。後の世に疫気あらば、汝、蘇民将来の子孫と云ひて、茅の輪を以て腰に着けて在る人は免れなむ」と詔りたまひき。

✲疫隅の国つ社については、広島県福山市の王子神社説が有力である。この伝説は、すでに『常陸国風土記』の「筑波山と富士山」の解説でも触れたように、貴い神を歓待しもてなした者が幸せや富を手に入れ、逆に冷たくあしらった者に好ましくない報いがもたらされるという貴神巡行伝説の一つである。

武搭の神については朝鮮語に由来するとする説（肥後和男）もあるが詳しいことは分からない。この神は後半で「速須佐能雄の神」と言って正体を明かしているが、スサノヲノミコトと疫病の関係は、時代が下って京都市の八坂神社の信仰にも見られるものであり、『釈日本紀』ではこれを祇園社の縁起とする説を挙げている。この中で速須佐能雄の神が、「後の世に疫気あらば、汝、蘇民将来の子孫と云ひて、茅の輪を以て腰に着けて在る人は免れなむ」と言っていることが、信仰の面では夏越（なごし）の大祓（おおはらえ）の茅（ち）の輪（わ）くぐりの起源とも言われている。

ところで、中世以降になると『釈日本紀』がこの伝説を祇園社の縁起と捉（とら）えたように、神道思想に基づいて神話や伝説に関するさまざまな解釈が生まれてくる。それらの中には、本来的な伝説から離れて神学的な位置付けがなされるものもあるが、これを新たな神話的展開と捉えることもできる。風土記の神話や伝説に対する解釈の中にもそういったものが含まれていることもあり、その点については注意しておく必要がある。

◆「磐井君の伝説」筑後国（『釈日本紀』所載）

上妻の県。県の南約一キロメートル（二里）に筑紫君磐井の墓がある。高さは約二〇メートル（七丈）、周囲は約一八〇メートル（六十丈）ある。墓の区画は南と北がそれぞれ約一八〇メートル（六十丈）、東と西がそれぞれ約一二〇メートル（四十丈）ある。石でできた人形と石でできた盾がそれぞれ六十枚あって、交互に並べてあり四面に廻らしてある。東北の隅に当たるところに一つの別の区画がある。それを名づけて衙頭と呼んでいる。〔衙頭とはまつりごとをする所である。〕その中に一人の石でできた人形があって悠然と大地に立っている。その名を解部〔裁判官〕と言う。その前に〔石人形が〕一人いる。裸体で大地に伏している。その名を偸人〔盗人〕と言う。〔生きていた時、猪を盗んだ。それによって罪に処せられた。〕その側に石でできた猪が四頭いる。〔名は〕賊物と言う。〔賊物とは盗んだ物のことである。」そこにさらに石でできた馬が三疋、石殿が三棟、石蔵が二棟ある。

古老が伝えて言うには、ちょうど継体天皇（雄大迹天皇）の御世に、筑紫君磐井が、手ごわく強く〔そのうえ〕暴虐で、天皇の教化に従わなかった。生きている間に、前もってこの墓を造っておいた。にわかに天皇の軍勢が進撃して攻撃しようとした時、天皇軍の勢力にとうてい対抗できないと悟って、たった一人で、豊前国の上膳の県まで逃れて、南の山の峻しい峰の人目につかない隠れたところで姿を消した。さて、天皇の軍勢は、追跡して捜したが見失ってしまった。軍勢の怒りは収まらず、石人の手を撃ち折って、石馬の頭を叩き壊して落とした。古老が伝えて言うには、上妻の県に多くの重い病があるのは、もしかしたらこれが原因ではないか、ということだ。

❖上妻の県。県の南二里に築紫の君磐井の墓あり。高さ七丈、周り六十丈なり。

墓田は南と北と各六十丈、東と西と各四十丈なり。石人と石盾と各六十枚、交陣なり、四面に周匝れり。東北の角に当りて一つの別区あり。号けて衙頭と曰ふ。〔衙頭は政所なり。〕その中に一人の石人ありて、縦容に地に立てり。号けて解部と曰ふ。前に一人あり。裸形にして地に伏したり。号けて偸人と曰ふ。〔生けりしとき、猪を偸みき。よりて罪なはれき。〕側に石猪四頭あり。賊物と曰ふ。〔賊物は盗みし物なり。〕その処にまた石馬三疋、石殿三間、石蔵二間あり。

古老の伝へて云はく、雄大迹の天皇のみ世に当りて、筑紫の君磐井、豪強く暴虐くして、皇風に偃はず。生平けりし時、あらかじめこの墓を造りき。にはかにして官軍動発り襲たむとする間に、勢の勝つましじきを知りて、独自、豊前の国上膳の県に遁れて、南の山の峻しき嶺の曲に終せき。ここに、官軍、追ひ尋ぎて蹤を失ひき。士、怒泄まず。石人の手を撃ち折り、石馬の頭を打ち堕しき。古老の伝へて云はく、上妻の県に多く篤き疾あるは、けだしこれに由るかといふ。

＊上妻の県とは、現在の福岡県八女市の東北部である。これは磐井の乱に関連する

記事である。磐井の乱に関しては『日本書紀』継体天皇二十一年（五二七年）、二十二年（五二八年）に詳しい記事がある。それによると、密かに反逆の意思を持っていた筑紫国造の磐井は新羅とも内通しており、朝廷から遣わされた毛野臣が六万の軍勢を率いて朝鮮半島に出兵しようとしていたのを遮り、そのために毛野臣は進撃することができなくなってしまった。そこで朝廷は物部大連麁鹿火に命じて磐井を討伐させ、麁鹿火と磐井の両軍が筑紫の御井郡で激突し激戦の末に磐井を討伐した、と記されている。これはおそらく史実であり、古代史上稀にみる大規模な内乱であったと考えられる。朝廷においても、当地筑紫国の人々にとっても忘れることができない大事件として『日本書紀』と風土記のそれぞれに残されているのであろう。

ところで、風土記の記事では『日本書紀』にはみられない、討伐された磐井の墓や副葬品を詳細に記している。墳墓は巨大な前方後円墳であり、八女市と久留米市の中間に位置する八女古墳群の中の岩戸山古墳である。石人・石盾などの記述を含めてこの記事がきわめて正確なものであることが確認されており（森貞次郎）、このような地方国造の墳墓について記した記事は他には見られない。

さらに興味深いことは、古墳の記事に続いて「東北の角に当りて一つの別区あり。号けて衙頭と曰ふ。その中に一人の石人ありて、縦容に地に立てり。号けて解部と曰ふ。前に一人あり。躶形にして地に伏したり。号けて偸人と曰ふ」という記事が残されていることである。別区画に設けられた「衙頭」とは役所のことであり、解部とは、律令制度では刑部省に属し訴訟を担当する官人のことである。その前に裸の罪人が大地に伏しているという、これは古代の裁判の様子を石作りの構築物としたものであろう。このような構築物が、どうして古墳に接して作られたのであろうか。この記事の後半には、古老の言い伝えとして、国造の磐井は権勢を誇るために生前に自分の墳墓を作っておいたとあるが、そこから考えるならばこの裁判に関わる構築物は、磐井が行政権のみならず司法権も握る独裁的な権力者であったことを示すものかもしれない。新羅とも通じて強大な力を持っていた磐井の存在は、朝鮮半島をめぐる国際情勢を解決する上でも深刻であり、朝廷による磐井討伐は避けられなかったのであろう。そしてその磐井を取り逃がした官軍の怒りはすさまじく、「石人の手を撃ち折り、石馬の頭を打ち堕し」と言うのである。さらに古老は「上妻の県に多く篤き疾あるは、けだしこれに由るか」と伝えているが、これはついに官軍に滅ぼされた磐井の怨念だと言うのであろうか。磐井の反乱は、それほどまでにこの地方の人々の記憶に深く刻み込まれているのである。

◆「知鋪の郷の伝説」日向国（『釈日本紀』所載）

臼杵の郡の内、知鋪の郷。天津彦々火瓊々杵尊が、天の磐座を離れて、天の八重雲を押し開いて、神聖な道を選びに選んで、日向の高千穂の二上の峯に天降りなさった。

その時、天は暗闇で、昼と夜との区別がなかった。人と物は行くべき道を見失い、いろいろな物を区別することが難しかった。さて、土蜘蛛で、名を大鉗・小鉗と言う者がいて、申し上げることには、「天上界の神の御子様よ、尊い御手でもって、稲のたくさんの穂を抜いて籾として、周囲に投げ撒かれたならば、きっと明るく光が射すでしょう」といった。そこで、大鉗等が申し上げたように、千穂の稲を手で揉んで籾として、投げ撒かれた。するとすぐに天が晴れ渡り、昼は太陽が、夜は月が照り輝いた。これに因んで高千穂の二上の峰と言った。後世の人が、改めて知鋪と名づけた。

❖臼杵の郡の内、知鋪の郷。天津彦々火瓊々杵尊、天の磐座を離ち、天の八重雲を排きて、稜威の道別きに道別きて、日向の高千穂の二上の峯に天降りましき。時に、天暗冥く、昼夜別かず、人と物は道を失ひ、物の色別き難かりき。ここに、土蜘蛛、名を大鉗・小鉗と曰ふものありて、奏言ししく、「皇孫の尊、尊の御手以ちて、稲の千穂を抜きて籾とし、四方に投げ散らしたまはば、かならず開晴ることを得む」とまをしき。時に、大鉗等が奏ししが如、千穂の稲を搓みて籾として、投げ散らしたまひき。すなはち、天開晴り、日も月も照り光きき。因りて高千穂の二上の峯と曰ひき。後の人、改めて知鋪と号けき。

✻この伝説の舞台である知鋪郷とは、現在の宮崎県西臼杵郡高千穂町のあたりである。天津彦々火瓊々杵尊が日向の高千穂の二上峰に天下ったという前半部は、『日本書紀』神代下第九段正文に記されているものとほぼ同じ内容であり、現存風土記の中では天孫降臨を記したほとんど唯一といってよい記事である。ただし、これを記紀の天孫降臨神話と同じように考えることには慎重な態度が求められる。「賀茂社の伝説」の項でも述べたように、現在に伝わる風土記の中には、天上界から神が降臨してくる伝説はかなり多く残されているが、それらは記紀の天孫降臨神話とは無関係の各地の神々の物語である。そしてそれは、この日向国風土記逸文に記された伝説にも当てはまるように思われる。そのように考える理由は後半部にある。この伝説の後半部では、夜昼の区別のない暗闇の地上に降り立った瓊々杵尊に対して、土蜘蛛の大鉗と小鉗が、千穂の稲を抜いて籾として投げ散らせば「開晴ることを得む」と言った通りにしたところ、太陽も月も輝く明るい世界になったことが語られている。土蜘蛛である大鉗と小鉗が天孫に助言を与えているという内容から想像すると、ここでは降臨してきた天孫は必ずしも優位に立っている訳ではないように思われる。これは『日本書紀』との大きな違いであり、さらに「千穂」に因んで、「高千穂の二上の峯」と言い、後に「知鋪」と改めたとあるように、これが知鋪郷の地名起源説話として記されたものであることは明白であり、地上世界を領有する天孫の神話として語られたものとは言えないだろう。

この点は、風土記の神話や伝説を読む場合、よくよく注意しなければならないことである。従来の古代史研究あるいは古代文学研究では、風土記の神話と記紀の神話を同一の国家を語る神話の延長線上で捉える傾向が強かったが、風土記の特徴である「郡」や「里（郷）」の目線で見直してみると、国家の神話とはほとんど関係がないと言ってよいことが見えてくる。それらはすべて「里の神話」「国土の神話」とでも呼ぶべき、各地方で暮らす人々が伝え残してきた郷土の物語である。『古事記』では分からない、『日本書紀』には残されていない、『万葉集』が見逃した郷土の伝説が風土記には豊富に残されている。それを見つけ出すことが風土記を読む楽しみと言っていいだろう。

解説　風土記——古代の里山

和銅五年（七一二年）、太安万侶が編纂した『古事記』が出来あがった。その八年後の養老四年（七二〇年）には舎人親王を中心とする人々の手によって『日本書紀』が完成した。この二つの資料は、編集の方法に大きな違いがあるものの、神代から始まり初代天皇として即位した神武天皇以下の各天皇の時代を時間軸に従って記述するという基本線は同じである。つまり『古事記』『日本書紀』（以下、二書をまとめて呼ぶ場合は記紀と略す）は、大和朝廷を中心において日本国家の成り立ちと歴史を語るものであった。

　この二つの歴史書完成に挟まれるようにして、和銅六年（七一三年）五月に、一つの官命（役所から出される公的な命令ないし要請）が日本全国の国々（「国」とは、現在の県に相当する地方の行政単位）に下されたことが『続日本紀』に記されている。その官命の内容は、次に挙げる五項目の要求を実行して朝廷に報告せよというものであった。

（1）各国（畿内七道）国名、郡名、郷名の漢字は好き字をつけること。
（2）郡内にある鉱物、植物、動物のリストをつくること。
（3）土壌の良し悪しを記録すること。
（4）山川原野の地名の由来（地名の起源）を報告すること。
（5）古老が伝えてきた古い伝承を報告すること。

これがいわゆる風土記撰進を命じた官命と言われているものであり、これに基づいて提出されたのが各国の風土記であると考えられている。現存の風土記は、五風土記とも呼ばれる『常陸国風土記』『播磨国風土記』『出雲国風土記』『肥前国風土記』『豊後国風土記』と、他の文献に部分的に引用されて伝来した「逸文風土記」である。本書では、この五風土記とともに「逸文風土記」から、いくつかの伝承を取り上げた。

さて、この官命で報告を求められていることを子細にみると、（1）は地方の行政単位である「国―郡―郷（里）」の地名確定に関わる事項であり、（2）と（3）は地方の経済と生産に関わる事項であるところにまず大きな特色がある。言い換えれば、（1）（2）（3）の要求は、大宝元年（七〇一年）に完成した大宝令に基づく政治経済の全国的な機構を作り上げるための基本データとなるものであり、中央集権的な国家システムを構築するためになくてはならないものであったと考えられる。次に(4)と(5)は、各国の歴史に関わる文化的事項である。とするならば、(1)〜(5)の要求は、行政・経済・生産・文化という、いわば政治を全般的に運営していく上でなくてはならない基本的情報の収集を目的としたものであったと言えるだろう。ここに風土記の大きな特色があり、記紀とは本質的に異なった性格をもつ資料なのである。その本質的な違いは、記紀は和銅官命の要求事項とは基本的に無関係であるという点に明確に表れていると言えるだろう。

たとえば、記紀には和銅官命(1)(2)(3)に相当する記事がほとんど見当たらない。中にはそれに関連した記事もあるが、それらは基本的に伝承や歴史的記事の中の一つの事象として記述されたものであり、風土記のように独立した記録の単位として出てくることはない。また(4)と(5)については、確かに記紀にも多く見られるものであるが、風土記のように各国の郡や里を単位とする「その土地ならでは」の伝承として記したものではない。言うまでもなく記紀は「国家の神話(伝承)」「国家の歴史」を時間軸に沿って統一的な国家観に基づいてまとめた歴史書であり、それゆえに地方に対する関心は相対的に低いと言わねばならない。それに対して風土記は、国家的歴史に対する関心は記紀に比べて低く、行政単位としての「里」が具体的な記述の単位となっているところが記紀との最も大きな違いである。すなわち風土記とは、地方の人々の生活空間である「里」の目線で見た「里の神話（伝承）」「里の歴史」をまとめた地誌なのである。この違いは決定的である。記紀を読んでいただけでは決して知ることができない古代各地方の伝承が風土記にはある。それは、限られた生活空間の中で育まれ伝えられてきた唯一無二の伝承である。

風土記とは、古代の里山の記録だと言ってもいいだろう。鹿、白鳥、鮭、鮎、栗、槻、楢、杉などの動植物、大小の川や山、池や湖などの自然に囲まれて生きた古代人の生活や民俗が記録されているところに風土記の価値がある。そのような風土記の世界から、私たちが学ぶものは多くあるように思う。

◆参考文献◆

現代語訳と原文の訓読は左に挙げた諸注釈書を参考にしながら作成した。

各伝説に関する解説は左に挙げた諸注釈書、辞典・事典類、研究書・研究論文・インターネット・ホームページなどを参考にして作成した。

【注釈書】

日本古典文学大系『風土記』（秋本吉郎校注、岩波書店刊、一九五八年四月）
日本古典全書『風土記』上下（久松潜一校注、朝日新聞社刊、一九五九年十月、一九六〇年十月）
東洋文庫『風土記』（吉野裕訳、平凡社刊、一九六九年八月）
角川文庫『風土記』（小島瓔禮校注、角川書店刊、一九七〇年七月）
鑑賞日本古典文学『日本書紀・風土記』（西宮一民・直木孝次郎・岡田精司編、角川書店刊、一九七七年五月）
新編日本古典文学全集『風土記』（植垣節也校注・訳、小学館刊、一九九七年十月）

講談社学術文庫『出雲国風土記　全訳注』（荻原千鶴、講談社刊、一九九九年六月）
『解説　出雲国風土記』（島根県古代文化センター編、二〇一四年三月）
角川ソフィア文庫『風土記』上下（中村啓信監修・訳注、KADOKAWA刊、二〇一五年六月）

【辞典・事典類】

『神話伝説辞典』（東京堂出版刊、一九六三年四月）
『上代説話事典』（雄山閣出版刊、一九九三年五月）
『【縮刷版】日本昔話事典』（弘文堂刊、一九九四年六月）
『【縮小版】日本民俗事典』（弘文堂刊、一九九四年六月）
『日本神話事典』（大和書房刊、一九九七年六月）

【研究書・研究論文】（著者五十音順）

青木紀元『日本神話の基礎的研究』（風間書房刊、一九七〇年三月）
青木周平「風土記と記紀の関係　播磨国風土記オケ・ヲケ説話を中心に」（『上代文学』第九八号、二〇〇七年四月）

秋本吉郎『風土記の研究』（ミネルヴァ書房刊、一九六三年十月）
秋本吉徳「風土記神話試論（二）」（『古事記年報』十九号、一九七七年一月）
「中大兄の三山歌」（『別冊國文學　万葉集必携Ⅱ』、學燈社刊、一九八一年十二月）
浅見　徹『玉手箱と打出の小槌』（中公新書、一九八三年十月）
「筑波山の嬥歌」（『岐阜大学　国語国文学』十八号、一九八七年三月）
石母田正『日本古代国家論　第二部』（岩波書店刊、一九七三年六月）
井手　至「カモの神の性格」（『古事記年報』四一号、一九九九年一月）
荊木美行『古代史研究と古典籍』（皇學館大学出版部刊、一九九六年九月）
今村明恒「白鳳大地震」（『地震』第一輯十三巻三号、一九四一年三月）
植垣節也「国文学と人権」（『古典解釈論考』所収、和泉書院刊、一九八四年六月）
「立ちて見に来し印南国原」（『國語國文』五十五巻五号、一九八六年五月）
上田萬年「P音考」（『國語のため　第二』、冨山房刊、一九〇三年六月）
上田正昭『帰化人』（中公新書、一九六五年六月）
『日本古代国家論究』（塙書房刊、一九六八年十一月）
上野　誠『大和三山の古代』（講談社現代新書、二〇〇八年七月）

内田賢徳「記紀の文体」（『國文學　解釈と教材の研究』第三二巻二号、一九八七年二月）
「伝承の地平」（『萬葉語文研究』第2集所収、和泉書院刊、二〇〇六年三月）
「一目一つの鬼」という潤色」（『風土記研究』三四号、二〇一〇年十二月）
折口博士記念古代研究所編『折口信夫全集』第一巻〜第三巻所収『古代研究』（國文學篇、民俗学篇1・2、中公文庫、一九七五年九月・十月）
柏木真里「出雲国風土記の成立について」（『萬葉』八一号、一九七三年六月）
鎌田元一『律令公民制の研究』（塙書房刊、二〇〇一年三月）
亀井　孝『日本語のすがたとこころ（二）』（亀井孝論文集4、吉川弘文館刊、一九八五年十月）
岸　俊男「日本における「京」の成立」（『東アジア世界における日本古代史講座』6所収、学生社、一九八二年九月）
北山修・橋本雅之『日本人の〈原罪〉』（講談社現代新書、二〇〇九年一月）
小島憲之『上代日本文學と中國文學　上』（塙書房刊、一九六二年九月）
西條　勉「巫女の死」（『風土記の表現』所収、笠間書院刊、二〇〇九年七月）

坂本太郎「日本書紀と九州地方の風土記」(『國學院雑誌』七一巻十一号、一九七〇年十一月)

佐竹昭広『古語雑談』(岩波新書、一九八六年九月)
『佐竹昭広集 第三巻 民話の基層』(岩波書店刊、二〇〇九年十月)

関 和彦「九州『風土記』と『日本書紀』」(『古代文学講座10』所収、勉誠社刊、一九九五年四月)

高群逸枝『招婿婚の研究一』(高群逸枝全集巻二、理論社刊、一九六六年五月)

田中 卓『日本古典の研究』(皇學館大学出版部刊、一九七三年五月)
『伊勢神宮の創祀と発展』田中卓著作集4(国書刊行会刊、一九八五年六月)

土橋 寛『古代歌謡と儀礼の研究』(岩波書店刊、一九六五年十二月)
『古代歌謡の世界』(塙書房刊、一九六八年七月)

橋本雅之『古風土記の研究』(和泉書院刊、二〇〇七年一月)
『風土記研究の最前線』(新人物往来社刊、二〇一三年三月)
『風土記 日本人の感覚を読む』(角川選書、KADOKAWA刊、二〇一六年十月)

早川庄八「律令制の形成」（岩波講座『日本歴史』2所収、岩波書店刊、一九七五年十月）
肥後和男『古代傳承研究』（河出書房刊、一九三八年九月）
平泉澄監修『出雲國風土記の研究』（出雲大社刊、一九五三年七月）
平田俊春『日本古典の成立の研究』（日本書院刊、一九五九年十月）
益田勝実「筑波にて　嬥歌再考」（『文学』五四巻十二号、一九八六年十二月）
三浦佑之『風土記の世界』（岩波新書、二〇一六年四月）
溝口睦子『アマテラスの誕生』（岩波新書、二〇〇九年一月）
三谷栄一「大国主神の性格」（『日本神話の基盤』所収、塙書房刊、一九七四年六月）
森貞次郎「筑後風土記逸文に見える筑紫君磐井の墳墓」（『考古學雜誌』四一巻三号、一九五六年二月）
八木充『律令国家成立過程の研究』（塙書房刊、一九六八年一月）
『日本古代政治組織の研究』（塙書房刊、一九八六年十一月）
柳田國男「一目小僧その他」「青大将の起源」（『定本柳田國男集』第五巻・巻十九、筑摩書房刊、一九六二年九月・一九六三年二月）
山上伊豆母『神話の原像』（民俗民芸双書36、岩崎美術社刊、一九六九年一月）

レヴィ・ブリュル『未開社会の思惟』上下（岩波書店、一九五三年九月・十月）
渡邊昭五『歌垣の民俗学的研究』（白帝社刊、一九六七年三月）

【インターネット・ホームページ】

気象庁HP https://www.jma.go.jp/jma/index.html 知識・解説→海水音・海流→黒潮／対馬暖流とは（二〇二一年九月閲覧）

本文写真提供／ピクスタ

ビギナーズ・クラシックス 日本(にほん)の古典(こてん)

風土記(ふどき)

橋本雅之(はしもとまさゆき)＝編

令和３年 11月25日　初版発行
令和６年 12月10日　７版発行

発行者●山下直久

発行●株式会社KADOKAWA
〒102-8177　東京都千代田区富士見2-13-3
電話　0570-002-301（ナビダイヤル）

角川文庫 22926

印刷所●株式会社KADOKAWA
製本所●株式会社KADOKAWA

表紙画●和田三造

●お問い合わせ
https://www.kadokawa.co.jp/（「お問い合わせ」へお進みください）
※内容によっては、お答えできない場合があります。
※サポートは日本国内のみとさせていただきます。
※Japanese text only

ISBN 978-4-04-400623-5　C0195

◆◇◇

角川文庫発刊に際して

角川源義

第二次世界大戦の敗北は、軍事力の敗北であった以上に、私たちの若い文化力の敗退であった。私たちの文化が戦争に対して如何に無力であり、単なるあだ花に過ぎなかったかを、私たちは身を以て体験し痛感した。西洋近代文化の摂取にとって、明治以後八十年の歳月は決して短かすぎたとは言えない。にもかかわらず、近代文化の伝統を確立し、自由な批判と柔軟な良識に富む文化層として自らを形成することに私たちは失敗して来た。そしてこれは、各層への文化の普及滲透を任務とする出版人の責任でもあった。

一九四五年以来、私たちは再び振出しに戻り、第一歩から踏み出すことを余儀なくされた。これは大きな不幸ではあるが、反面、これまでの混沌・未熟・歪曲の中にあった我が国の文化に秩序と確たる基礎を齎らすためには絶好の機会でもある。角川書店は、このような祖国の文化的危機にあたり、微力をも顧みず再建の礎石たるべき抱負と決意とをもって出発したが、ここに創立以来の念願を果すべく角川文庫を発刊する。これまで刊行されたあらゆる全集叢書文庫類の長所と短所とを検討し、古今東西の不朽の典籍を、良心的編集のもとに、廉価に、そして書架にふさわしい美本として、多くのひとびとに提供しようとする。しかし私たちは徒らに百科全書的な知識のジレッタントを作ることを目的とせず、あくまで祖国の文化に秩序と再建への道を示し、この文庫を角川書店の栄ある事業として、今後永久に継続発展せしめ、学芸と教養との殿堂として大成せんことを期したい。多くの読書子の愛情ある忠言と支持とによって、この希望と抱負とを完遂せしめられんことを願う。

一九四九年五月三日

角川ソフィア文庫ベストセラー

古事記
ビギナーズ・クラシックス 日本の古典
編／角川書店

天皇家の系譜と王権の由来を記した、我が国最古の歴史書。国生み神話や倭建命の英雄譚ほか著名なシーンが、ふりがな付きの原文と現代語訳で味わえる。図版やコラムも豊富に収録。初心者にも最適な入門書。

万葉集
ビギナーズ・クラシックス 日本の古典
編／角川書店

日本最古の歌集から名歌約一四〇首を厳選。恋の歌、家族や友人を想う歌、死を悼む歌。天皇や宮廷歌人をはじめ、名もなき多くの人々が詠んだ素朴で力強い歌の数々を丁寧に解説。万葉人の喜怒哀楽を味わう。

竹取物語（全）
ビギナーズ・クラシックス 日本の古典
編／角川書店

五人の求婚者に難題を出して破滅させ、天皇の求婚にも応じない。月の世界から来た美しいかぐや姫は、じつは悪女だった？ 誰もが読んだことのある日本最古の物語の全貌が、わかりやすく手軽に楽しめる！

蜻蛉日記
ビギナーズ・クラシックス 日本の古典
右大将道綱母
編／角川書店

美貌と和歌の才能に恵まれ、藤原兼家という出世街道まっしぐらな夫をもちながら、蜻蛉のようにはかない自らの身の上を嘆く、二一年間の記録。有名章段を味わいながら、真摯に生きた一女性の真情に迫る。

枕草子
ビギナーズ・クラシックス 日本の古典
清少納言
編／角川書店

一条天皇の中宮定子の後宮を中心とした華やかな宮廷生活の体験を生き生きと綴った王朝文学を代表する珠玉の随筆集から、有名章段をピックアップ。優れた感性と機知に富んだ文章が平易に味わえる一冊。

角川ソフィア文庫ベストセラー

源氏物語
ビギナーズ・クラシックス　日本の古典
紫式部
編／角川書店

日本古典文学の最高傑作である世界第一級の恋愛大長編『源氏物語』全五四巻が、古文初心者でもまるごとわかる！　巻毎のあらすじと、名場面はふりがな付きの原文と現代語訳両方で楽しめるダイジェスト版。

今昔物語集
ビギナーズ・クラシックス　日本の古典
編／角川書店

インド・中国から日本各地に至る、広大な世界のあらゆる階層の人々のバラエティーに富んだ日本最大の説話集。特に著名な話を選りすぐり、現実的で躍動感あふれる古文が現代語訳とともに楽しめる！

平家物語
ビギナーズ・クラシックス　日本の古典
編／角川書店

一二世紀末、貴族社会から武家社会へと歴史が大転換する中で、運命に翻弄される平家一門の盛衰を、叙事詩的に描いた一大戦記。源平争乱における事件や時間の流れが簡潔に把握できるダイジェスト版。

徒然草
ビギナーズ・クラシックス　日本の古典
吉田兼好
編／角川書店

日本の中世を代表する知の巨人・吉田兼好。その無常観とたゆみない求道精神に貫かれた名随筆集から、兼好の人となりや当時の人々のエピソードが味わえる代表的な章段を選び抜いた最良の徒然草入門。

おくのほそ道（全）
ビギナーズ・クラシックス　日本の古典
松尾芭蕉
編／角川書店

俳聖芭蕉の最も著名な紀行文、奥羽・北陸の旅日記を全文掲載。ふりがな付きの現代語訳と原文で朗読にも最適。コラムや地図・写真も豊富で携帯にも便利。風雅の誠を求める旅と昇華された俳句の世界への招待。

角川ソフィア文庫ベストセラー

ビギナーズ・クラシックス　日本の古典
古今和歌集
編／中島輝賢

春夏秋冬や恋など、自然や人事を詠んだ歌を中心に編まれた、第一番目の勅撰和歌集。総歌数約一一〇〇首から七〇首を厳選。春といえば桜といった、日本的美意識に多大な影響を与えた平安時代の名歌集を味わう。

ビギナーズ・クラシックス　日本の古典
伊勢物語
編／坂口由美子

雅な和歌とともに語られる「昔男」（在原業平）の一代記。垣間見から始まった初恋、天皇の女御となる女性との恋、白髪の老女との契り——。全一二五段から代表的な短編を選び、注釈やコラムも楽しめる。

ビギナーズ・クラシックス　日本の古典
土佐日記（全）
紀　貫之
編／西山秀人

平安時代の大歌人紀貫之が、任国土佐から京へと戻る旅を、侍女になりすまし仮名文字で綴った紀行文学の名作。天候不順や海賊、亡くした娘への想いなどが、船旅の一行の姿とともに生き生きとよみがえる！

ビギナーズ・クラシックス　日本の古典
うつほ物語
編／室城秀之

異国の不思議な体験や琴の伝授にかかわる奇瑞などの浪漫的要素と、源氏・藤原氏両家の皇位継承をめぐる対立を絡めながら語られる。スケールが大きく全体像が見えにくかった物語を、初めてわかりやすく説く。

ビギナーズ・クラシックス　日本の古典
和泉式部日記
和　泉　式　部
編／川村裕子

為尊親王の死後、弟の敦道親王から和泉式部へ手紙が届き、新たな恋が始まった。恋多き女、和泉式部が秀逸な歌とともに綴った王朝女流日記の傑作。平安時代の愛の苦悩を通して古典を楽しむ恰好の入門書。

角川ソフィア文庫ベストセラー

ビギナーズ・クラシックス 日本の古典
更級日記
菅原孝標女
編／川村裕子

平安時代の女性の日記。東国育ちの作者が京へ上り憧れの物語を読みふけった少女時代。結婚、夫との死別、その後の寂しい生活。ついに思いこがれた生活を手にすることのなかった一生をダイジェストで読む。

ビギナーズ・クラシックス 日本の古典
大鏡
編／武田友宏

老爺二人が若侍相手に語る、道長の栄華に至るまでの藤原氏一七六年間の歴史物語。華やかな王朝の裏の権力闘争の実態や、都人たちの興味津津の話題が満載。『枕草子』『源氏物語』への理解も深まる最適な入門書。

ビギナーズ・クラシックス 日本の古典
新古今和歌集
編／小林大輔

伝統的な歌の詞を用いて、『万葉集』『古今集』とは異なった新しい内容を表現することを目指した、画期的な第八番目の勅撰和歌集。歌人たちにより緻密に構成された約二〇〇〇首の全歌から、名歌八〇首を厳選。

ビギナーズ・クラシックス 日本の古典
方丈記（全）
鴨　長明
編／武田友宏

平安末期、大火・飢饉・大地震、源平争乱や一族の権力争いを体験した鴨長明が、この世の無常と身の処し方を綴る。人生を前向きに生きるヒントがつまった名随筆を、コラムや図版とともに全文掲載。

ビギナーズ・クラシックス 日本の古典
南総里見八犬伝
曲亭馬琴
編／石川　博

不思議な玉と痣を持って生まれた八人の男たちは、やがて同じ境遇の義兄弟の存在を知る。完結までに二八年、九八巻一〇六冊の大長編伝奇小説を、二九のクライマックスとあらすじで再現した『八犬伝』入門。

角川ソフィア文庫ベストセラー

ビギナーズ・クラシックス　日本の古典
紫式部日記
紫　式　部
編／山本淳子

平安時代の宮廷生活を活写する回想録。同僚女房や清少納言への冷静な評価などから、当時の後宮が手に取るように読み取れる。現代語訳、幅広い寸評やコラムで、『源氏物語』成立背景もよくわかる最良の入門書。

ビギナーズ・クラシックス　日本の古典
御堂関白記　藤原道長の日記
藤原道長
編／繁田信一

王朝時代を代表する政治家であり、光源氏のモデルとされる藤原道長の日記。わかりやすい解説を添えた現代語訳で、道長が感じ記した王朝の日々が鮮やかによみがえる。王朝時代を知るための必携の基本図書。

ビギナーズ・クラシックス　日本の古典
とりかへばや物語
編／鈴木裕子

女性的な息子と男性的な娘をもつ父親が、二人の性を取り替え、娘を女性と結婚させ、息子を女官として女性の東宮に仕えさせた。二人は周到に生活していたが、やがて破綻していく。平安最末期の奇想天外な物語。

ビギナーズ・クラシックス　日本の古典
梁塵秘抄
後白河院
編／植木朝子

平清盛や源頼朝を翻弄する一方、大の歌謡好きだった後白河院が、その面白さを後世に伝えるために編集した歌謡集。代表的な作品を選び、現代語訳して解説を付記。中世の人々を魅了した歌謡を味わう入門書。

ビギナーズ・クラシックス　日本の古典
西行　魂の旅路
編／西澤美仁

平安末期、武士の道と家族を捨て、ただひたすら和歌の道を究めるため出家の道を選んだ西行。その心の軌跡を、伝承歌も含めた和歌の数々から丁寧に読み解く。桜を愛し各地に足跡を残した大歌人の生涯に迫る！

角川ソフィア文庫ベストセラー

堤中納言物語
ビギナーズ・クラシックス 日本の古典

編／坂口由美子

気味の悪い虫を好む姫君を描く「虫めづる姫君」をはじめ、今ではほとんど残っていない平安末期から鎌倉時代の一〇編を収録した短編集。滑稽な話やしみじみした話を織り交ぜながら人生の一こまを鮮やかに描く。

太平記
ビギナーズ・クラシックス 日本の古典

編／武田友宏

後醍醐天皇即位から室町幕府細川頼之管領就任まで、史上かつてない約五〇年の抗争を描く軍記物語。強烈な個性の新田・足利・楠木らの壮絶な人間ドラマが錯綜する南北朝の歴史をダイジェストでイッキ読み！

謡曲・狂言
ビギナーズ・クラシックス 日本の古典

編／網本尚子

変化に富む面白い代表作「高砂」「隅田川」「井筒」「敦盛」「鵺」「末広かり」「千切木」「蟹山伏」を取り上げ、現代語訳で紹介。中世が生んだ伝統芸能を文学として味わい、演劇としての特徴をわかりやすく解説。

近松門左衛門 『曾根崎心中』『けいせい反魂香』『国性爺合戦』ほか
ビギナーズ・クラシックス 日本の古典

編／井上勝志

近松が生涯に残した浄瑠璃・歌舞伎約一五〇作から、「出世景清」「曾根崎心中」「国性爺合戦」など五本の名場面を掲載。芝居としての成功を目指し、演じることを前提に作られた傑作をあらすじ付きで味わう！

良寛 旅と人生
ビギナーズ・クラシックス 日本の古典

編／松本市壽

江戸時代末期、貧しくとも心豊かに生きたユニークな禅僧良寛。越後の出雲崎での出生から、島崎にて七四歳で病没するまでの生涯をたどり、残された和歌、漢詩、俳句、書から特に親しまれてきた作品を掲載。

角川ソフィア文庫ベストセラー

ビギナーズ・クラシックス 日本の古典
百人一首（全）
編／谷　知子

天智天皇、紫式部、西行、藤原定家――。日本文化のスターたちが繰り広げる名歌の競演がスラスラわかる！ 歌の技法や文化などのコラムも充実。旧仮名が読めなくても、声に出して朗読できる決定版入門。

ビギナーズ・クラシックス 日本の古典
宇治拾遺物語
編／伊東玉美

「こぶとりじいさん」や「鼻の長い僧の話」など、ユーモラスで、不思議で、面白い鎌倉時代の説話（短編物語）集。総ルビの原文と現代語訳、わかりやすい解説とともに、やさしく楽しめる決定的入門書！

ビギナーズ・クラシックス 日本の古典
小林一茶
編／大谷弘至

身近なことを俳句に詠み、人生のつらさや切なさを作品へと昇華させていった一茶。古びることのない俳句の数々を、一茶の人生に沿ってたどりながら、やさしい解説とともにその新しい姿を浮き彫りにする。

ビギナーズ・クラシックス 日本の古典
雨月物語
上田秋成
編／佐藤至子

幽霊、人外の者、そして別の者になってしまった人間が織りなす、身の毛もよだつ怪異小説。現代の文章にはない独特の流麗さをもつ筆致で描かれた珠玉の9篇を、易しい訳と丁寧な解説とともに抜粋して読む。

新版
古事記
現代語訳付き
訳注／中村啓信

天地創成から推古天皇につながる天皇家の系譜と王権の由来書。厳密な史料研究成果に拠る読み下し文、平易な現代語訳、漢字本文（原文）、便利な全歌謡各句索引と主要語句索引を完備した決定版！

角川ソフィア文庫ベストセラー

陶淵明
ビギナーズ・クラシックス 中国の古典
釜谷武志

自然と酒を愛し、日常生活の喜びや苦しみをこまやかに描く一方、「死」に対して揺れ動く自分の心を詠んだ田園詩人。「帰去来辞」や「桃花源記」ほかひとつ一つの詩を丁寧に味わい、詩人の心にふれる。

李白
ビギナーズ・クラシックス 中国の古典
筧久美子

大酒を飲みながら月を愛で、鳥と遊び、自由きままに旅を続けた李白。あけっぴろげで痛快な詩は、音読すれば耳にも心地よく、多くの民衆に愛されてきた。豪快奔放に生きた詩仙・李白の、浪漫の世界に遊ぶ。

杜甫
ビギナーズ・クラシックス 中国の古典
黒川洋一

若くから各地を放浪し、現実社会を見つめ続けた杜甫。日本人に愛され、文学にも大きな影響を与え続けた「詩聖」の詩から、「兵庫行」「石壕吏」などの長編を主にたどり、情熱と繊細さに溢れた真の魅力に迫る。

孫子・三十六計
ビギナーズ・クラシックス 中国の古典
湯浅邦弘

中国最高の兵法書『孫子』と、その要点となる三六通りの戦術をまとめた『三十六計』。語り継がれてきた名言は、ビジネスや対人関係の手引として、実際の社会や人生に役立つこと必至。古典の英知を知る書。

易経
ビギナーズ・クラシックス 中国の古典
三浦國雄

陽と陰の二つの記号で六四通りの配列を作る易は、「主体的に読み解き未来を予測する思索的な道具」として活用されてきた。中国三〇〇〇年の知恵『易経』をコンパクトにまとめ、訳と語釈、占例をつけた決定版。